コロナ対策
各国リーダーたちの通信簿

栗田路子　プラド夏樹　田口理穂 ほか

光文社新書

プロローグ

２０２０年――私は新年の挨拶状にこんな言葉を綴《つづ》っていた。「都会の喧騒《けんそう》を忘れ、災害に遭《あ》うこともなく、いつもと同じ穏やかな日常が続くよう、欧州の片隅から祈る」。今思うとなんと暗示的だったのだろう。私の住む「欧州の片隅」は今、新型コロナウイルスの第二波によるロックダウンで、１年前には想像だにしなかった閉ざされた静寂《せいじゃく》の中にある。

この挨拶状をしたためていた２０１９年の師走、中国保健当局はすでに湖北省武漢市で、原因不明の肺炎クラスターが発生したことを伝えていた。だがその時点で、人類史に残るほどの世界的な感染拡大が起こることを、生活様式や経済行動が激変することを、誰が想像したことだろう。以来、新型コロナウイルスは地球全体をのみ込んでいった。

外国に住む日本人として、この様相には既視感《きしかん》がある。それは2011年3月の東日本大震災による津波が東北地方の太平洋沿岸部を襲う映像を見た、あの時の感覚だ。遠く離れた地球の裏側にいる私の足元までもが波にさらわれていくような恐怖に、身体の芯から震えが止まらなかった。今回は実際に津波が起きたわけではない。ただ強烈な被害を被《こうむ》った欧州では、今度は大波に自分たちがのみ込まれていく感覚になったのだろう。私の住むベルギーの政治家は、新型コロナウイルスの感染拡大が見る見るうちにすべてをなぎ倒していく様子を、今では世界中で使われている「Tsunami」という言葉を用いて涙ながらに市民の連帯を訴えた。中国で始まり、瞬《また》く間に日本を含む東アジアへ、欧州へ、北米へ、さらには地球全体へと広がり、世界中の人々をのみ込んでいった新型コロナ（以降、特筆がない限り「新型コロナ」および「コロナ」、「コロナウイルス」は新型コロナウイルスを指す）はまさに津波だったといえる。

新型コロナは世界をどうのみ込んでいったのか。ここで、簡単に振り返りたい。

２０２０年1月初旬、中国当局は肺炎クラスターの原因が新型コロナウイルスであるとし、23日には武漢を封鎖した。だが、1月末の春節には、すでにかなりの数の中国人観光客が世界中に旅行に出ていて、見えないウイルスは静かに世界に拡散した。

2月に入って、横浜に寄港したクルーズ船で集団感染が発覚すると、欧米各国は希望する市民を次々と帰還させたが、その頃には自国内でもぽつりぽつりと感染者が出始めた。

欧米で東洋人への差別があちこちで伝えられたのもこの頃だった。当初はまだ、新型コロナの流行を対岸の火事と感じていたのだろう。欧州では、2月末から3月初めにキリスト教にちなむ休暇の週があり、多くの人々が、イタリアやスペインや南フランスへと出かけていた。今思えば、これが運命の分かれ目であったのではないかと思う。

その約10日後、ＷＨＯがパンデミックを宣言した頃には、欧州で感染が急増し、各国で最初の死者が確認された。人々がパニック買いを始め、トイレットペーパーばかりでなく、小麦粉、卵、パスタなどがスーパーの棚から消失。3月半ばには、欧州各国で緊急事態が宣言され、ドミノ倒しのようにロックダウンが始まり、国境が閉じられた。しかし、それでも感染の勢いは止まらず、イギリスやオセアニア諸国、北アメリカへ、やがては南アメリカやユーラシア北部、南アジア、中東、アフリカへも広がっていった。

メディアやSNSでは、医療現場のひっ迫状態が医師や看護師自身からも伝えられ、膨大な数の死体が仮設安置所に並び、それを近隣の火葬場に運ぶ軍用トラックの行列などが連日伝えられると緊張感が高まった。同時に、世界各地では、自然に同時多発的な市民から感謝と連帯の輪も湧き起こっていた。

スーパーの棚に物資が戻り始め、人々の心に安堵《あんど》が戻ってくるように感じられたのは5月も半ばに入ってからだったと思う。北半球が初夏の声を聞く頃には、多くの国で感染がいったん収束に向かい、それぞれに綿密に計画された封鎖解除が進められた。解放感とともに、封鎖や強制への反発運動が世界各地で見られるようになったのもこの頃からだった。これらは人種差別や当局による暴力反対運動に繋がり、コロナとはまた別のうねりが世界中に広がっていったのだが、日本ではこの大波が実感されただろうか。

こうして国境を開け、人の移動を許さざるを得なかった国々では、秋口からの新学期と同時に予期された通りの第二波が広がり始め、検査体制の拡充や医療資源の備蓄を着々と進めてきていたというのに、再び封鎖政策に踏み切る国が増えた。各国のリーダーたちは今も、ワクチンや特効薬が普及するまで、これまでの知見を基に、ほんのわずかでも経済を動かしながら、市民の自由を復元するというギリギリの難しい舵取りを迫られている。

こうしてコロナ一色の1年が過ぎた。この間には、世界中の科学者が総力を結集して、1日も早くワクチンや治療薬を作ろうと奮闘していた半面、ウイルスが猛威《もうい》を振るう中、国政選挙や内閣改造が行われた国や、市民の反発・テロ事件が続いた国々もあった。

振り返ってみると、どの国も地域も同じようにこの未曽有《みぞう》のパンデミックに直面したというのに、世界のリーダーたちのやり方や市民社会の反応には大きな違いがあったと思う。どの国もこれほどまでの公衆衛生危機に瀕《ひん》した経験はなく、他国のやり方を観察しながら自国の対策を練っていく時間的な余裕はなかった。だからこそ、試されたのは各国トップのリーダーシップと市民社会だったのだと感じる。

実際に日本でも、ドイツのメルケル首相やフランスのマクロン大統領のスピーチをはじめ、封鎖政策への市民の抗議の様子などが、メディアやSNSで断片的、散発的に伝えられることはあり、そのたびに「日本とは違うなあ」と、感じられたかもしれない。2020年の5月には、調査会社ブラックボックスが、自国の政治リーダーのコロナ対策評価について23カ国で調査を行っている（その結果、当時の日本の首相、安倍氏に対する日本人の評価が、政治、経済、地域社会、メディアの4つの側面すべてにおいて最下位で、総合指数も最低だったことを、記憶している人もいるかもしれない)。だが、時間の流れとともに変容していくリーダーの語りかけや市民社会との関係は、どれほど実感を持って、素肌感覚をともなって伝わっただろうか。

外国に居住する日本人ジャーナリストとして、また一市民としてこの危機をつぶさに見守り、体験してきた私たちは、リーダーシップや市民社会のあり方がコロナ禍で見事にあぶりだされ、パンデミックの結果を左右する試金石《しきんせき》となったのではないかと感じている。そこで本書は、このような仮説から、各国に長く住む日本人ジャーナリスト仲間が、記者会見やインタビュー、SNSなどでのリーダーの発言と市民の反応を丁寧に拾いながら書き綴った。

私たちの分析は主観にも強く影響されているだろう。私たちはみな、短期の滞在者としてではなく、長年にわたって現地の社会に溶け込んで生きてきた社会の一員だからだ。それぞれの社会の人々とともに、感染状況のグラフやリーダーの言葉に釘付けになり、間近で知人や親族が次々と感染し、ウイルスが玄関先まで忍び寄る恐怖を感じてきたのだから。

日本のニュースも、いくつかの国のことを散発的に切り取って伝えたかもしれない。国際調査はある時点で比較可能な数量データを提供しただろう。だが、コロナ禍を通して定点観測し続け、空気感ごと伝える質的ナラティブ（物語）は稀少で意味があるものではないかと考える。

コロナ禍はまだ終わっていない。そして、たとえこのコロナ禍が収束しても、環境破壊や気候危機が加速する今、新たな病原性ウイルスが発生する頻度は高まると警鐘が鳴らされている。危機を任せられるリーダーとは、危機を乗り越えられる市民社会とはどのようなものなのだろう——これが、私たちがこの本をまとめようと考えた所以《ゆえん》だ。本書が、コロナ禍をきっかけに、リーダーシップや市民社会のあり方について考える糸口となれば幸いである。

栗田路子

コロナ対策　各国リーダーたちの通信簿——目次

第4章 丁寧な説明を尽くした等身大の臨時首相

ベルギー　ソフィー・ウィルメス副首相

第5章 専門家ファーストで黒衣に徹した政府トップ……185

スウェーデン　ステファン・ロベーン首相

図表作成／デザイン・プレイス・デマンド
扉デザイン／大久保学

第1章

コロナ感染ではがれた「政界の道化師」の仮面

提供：AFP＝時事

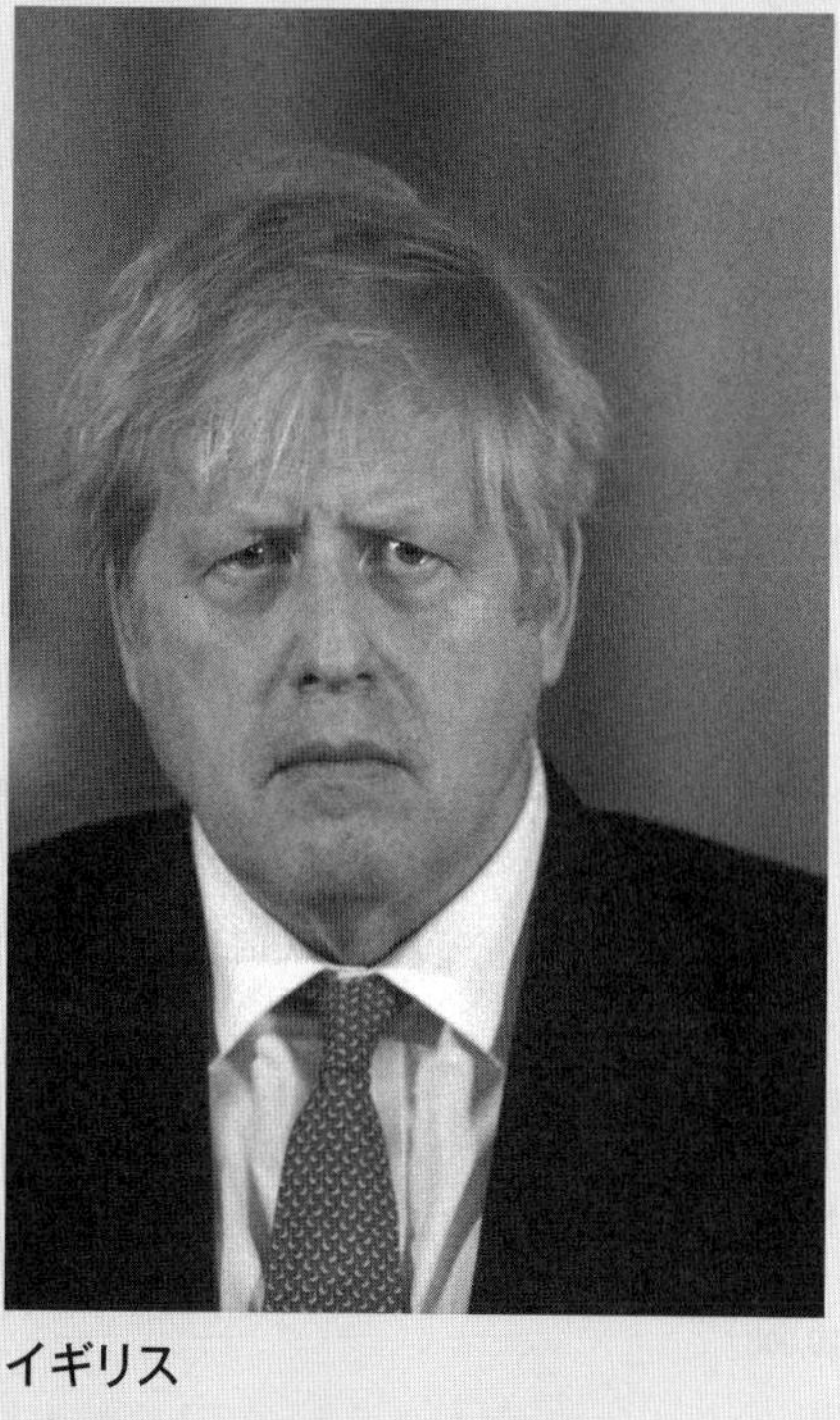

イギリス
ボリス・ジョンソン首相
（首相在任期間：2019年7月～）

文／冨久岡ナヲ

◆冨久岡ナヲ（ふくおか なを）

イギリス在住21年のジャーナリスト。国立音楽大学卒。移住後から執筆を始め、企業代表、起業家、政治家、科学者などへの英語／日本語インタビュー数は300名以上に達した。イギリスと日本は言語も慣習も異なるが、住んでいる人々の心には共通するものがある。それを前提にふたつの文化のよい所・面白い所を双方向に伝えシナジーを起こすため、雑誌やウェブ等への記事執筆、日本語媒体の英語圏向けローカライズ、イベントプロデュースなど幅広い活動を行う。

【イギリス基本データ】（2020年12月15日時点）

- 人口：**6804万8434人**
- 累計感染者数：**186万9666人**
（人口100万人当たり：**2万7476人**）
- 累計死亡者数：**6万4402人**
（人口100万人当たり：**946人**）
- 人口100万人当たりの累計検査数：**70万8453件**
（1人が複数回検査した数も含む）

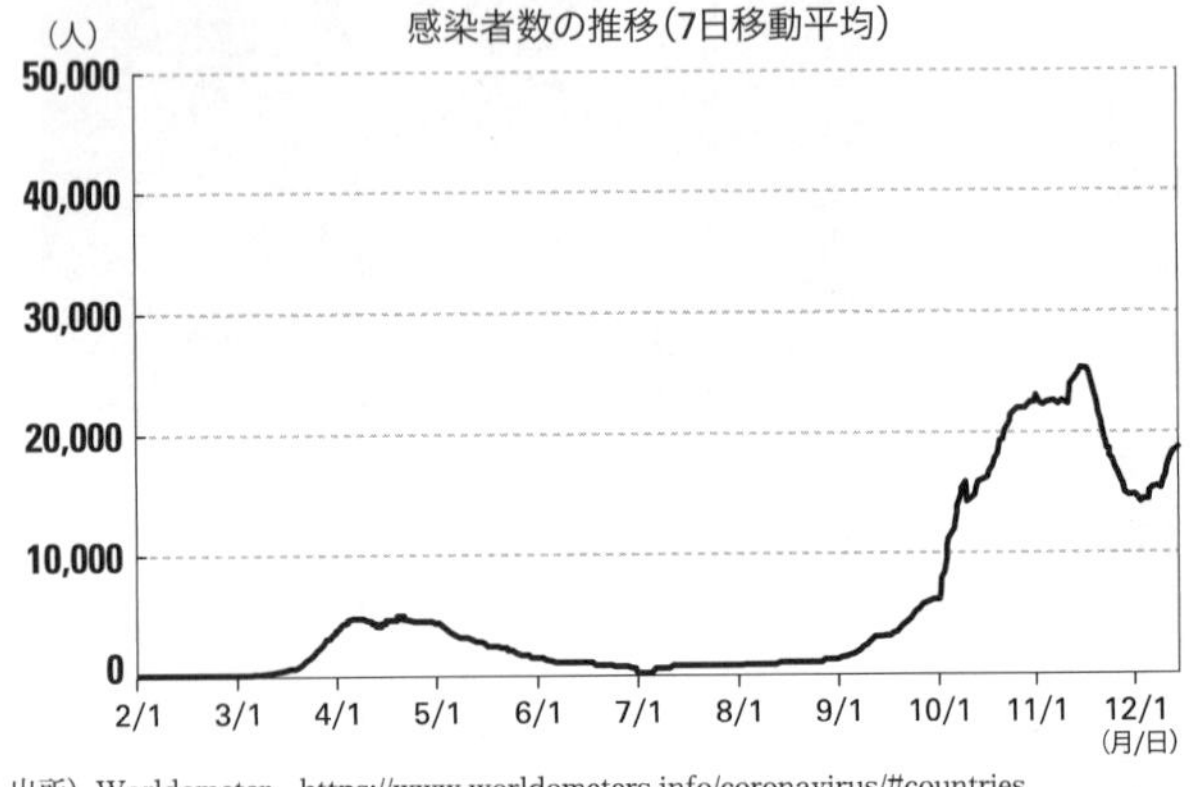

出所）Worldometer　https://www.worldometers.info/coronavirus/#countries
Dong E, Du H, Gardner L. An interactive web-based dashboard to track COVID-19 in real time. Lancet Inf Dis. 20（5）: 533-534. doi : 10.1016/S1473-3099（20）30120-1を基にグラフを作成

EU離脱と同時にコロナ禍に突入したイギリス

調子外れの歌

「ハッピーバースデー・ツーユー、ハッピーバースデー・ツーユー！　この歌を2回フルに歌いながら手を洗おう。簡単なことだけれど、これは科学に裏付けられたベストなコロナ感染予防アドバイスなんだヨ！」

太く低い声で調子外れの歌を歌いながら洗った手を振りまわし、屈託《くったく》のない笑顔をカメラに向けているのはイギリスの首相ボリス・ジョンソンだ。中国で新型コロナウイルスの流行発生が伝えられてから数週間後、2月末の報道だった。ひと月もしないうちにロックダウンに追い込まれていくとはこの時まだ、誰一人として予想していない。

イギリスでは2020年の1月末にようやくEUからの離脱を果たし、約1年間の移行期間が始まったばかり。離脱日が何度も延期されて先行きの見えない不安に怯《おび》え続けた国民は、残留派も離脱派もすっかり疲弊《ひへい》してしまっていた。自分ももちろんだが、「もうなんでもいいからとにかく決着をつけてくれ」という気持ちだったので、離脱を機に停滞していた経済が浮揚《ふよう》を始めると、世間にはほっとした空気が流れだした。

しかし、首相が官邸の玄関前に立ち、正式に離脱したこととこれから訪れる輝かしい未来について国民に語ったその日こそ、実はこの国で初めて新型コロナウイルス感染者が確認された日だった。つまりイギリスはＥＵから離脱するなり、息をつく暇もなくコロナ禍に飛び込んでしまったのである。

感染者があちこちに出始めると、やっと明るくなった人々の表情は再び曇ってしまった。私は日本からこの国に移住して20年ほどになるが、咳をしただけで自分の周囲から人がさあっといなくなるという経験は初めてで、ひどいショックを受けたことを覚えている。マスクをつけて外出したかったが、当時はつけるわけにはいかなかった。もともと風邪が流行《はや》る時期にもマスクをする習慣がないイギリスでは、そんなものをつけて歩いていたら、それこそコロナ感染者かと不気味な目で見られてしまう。

ＥＵ離脱の次は新型コロナ。またしても広がりだした人々の不安感を払拭《ふっしょく》するために、首相は2月末の報道でありったけの天然ぶりを発揮してハッピーバースデーと歌ったのだった。そう気がついた頃には、新型コロナウイルスの流行は「パンデミックになった」とWHOが宣言をしていた。

軽さが命の政治家

ボリス・ジョンソン首相は、歴代の首相どころか政治家の中で唯一、誰からもファーストネームである「ボリス」と呼ばれる珍しい人物だ。「政界の道化師」「お騒がせ男」「人間オランウータン」など数々のあだ名を持ち、寝起きのままのようなぼさぼさヘアにお世辞にもイケメンとは言えない風貌《ふうぼう》で、国民に親しみを持たれ、あるいは蔑《さげす》まれてきた。

何かとトランプと比較され「イギリス版トランプ」と言われたりもするが、根っからのビジネスマンタイプで文化や芸術には興味が薄そうなトランプと、名門校出身でジャーナリストとしてキャリアを積んだ後に政界へ進出し、数カ国語を操り古典や歴史は専門家レベル……という典型的なイギリスのアッパーミドルクラス・エリートであるボリスはぜんぜん違う。共通項は巨大な立身出世の野望と女癖。イギリスの首相になるという夢を子どもの頃から持っていたらしい。

ジャーナリストから政治家へと転身する少し前には、テレビで人気の時事風刺番組に時々登場するようになり、司会進行役も務めたことが何度かあった。私も見たことがあるが、ゲストとして並ぶ生え抜きのコメディアンよりもずっと可笑《おか》しいことを言い、いかにもというブリティッシュユーモアあふれるジョークを連発する。おちゃらけを演じながらも頭の回転の速いインテリであることは誰にでもわかった。半面、言い間違いを突っ込まれると金髪をかきむしって慌てたり赤面したりする純朴《じゅんぼく》さもあり、合わせて「エリートのくせに面白いやつ」と評判になり、知名度と人気を得ることになった。

軽さが命のようなこの政治家がロンドン市長を2期も務め、しまいにはイギリス首相の座にまで登り詰めたことに驚いた人は少なくない。しかし、支持者はその自信過剰で強引な態度に牽引《けんいん》役としてのパワーを感じると言い、コロナの感染が日に日に広がって行く中では、きっと強いリーダーシップを見せてくれるだろうという期待を持っていた。一方、虚言癖や軽率な行動に心底呆《あき》れている人たちは、この緊急事態でついに「道化師」の化けの皮がはがれるのではないかという期待を抱いていた。

国民を団結させた道化師の真剣な顔

日に日に険しくなる表情

2月末になるとコロナの波は急速に広がり世界をのみ込んでいった。イタリア、スペイン、フランスなど、欧州の国々が続々と全国ロックダウンを開始。イギリスも早く欧州にならうべきだという意見が国内外で高まってきた。首相自身はスウェーデンのようにできるだけソフトなロックダウンによって乗り切りたかったと言われている。イギリスと自由社会と民主主義をこよなく愛しているというボリスは、権力で国民を統制することを嫌う「リベラルな保守派」と称し、個人の自由を最大限尊重して最小限の規制で社会が発展を続けることを理想とする。パンデミックへの対応に関しても、国民一人ひとりに責任ある行動を促すスタイルに惹《ひ》かれたことは容易に理解できるだろう。

3月3日には、ロックダウンへの圧力をはね除《の》けるように「コロナ・アクションプラン」を発表した。プランは「感染の広がりを封じる」「遅らせる」「医療制度と社会経済への影響緩和」の3段階に加えてワクチン開発を含む「研究」の4つからなる。ボリスは会見で、感染がこれからどう広がっても対応できるようにするため４つの柱を建てたのだと自信たっぷりに語り、最後はニッと笑いながら、「ボクがこれを言いだすってみんな知ってたとは思うけれど、ハッピーバースデーの歌を2回歌いながら石けんとお湯で手を洗うというのが私たちにできる最大の防御です！　強調しますが、今の段階では平常運転・平常営業を続けてください」と、またしても誕生日の歌に触れてボリスらしい言い方で締めくくった。

これで国民の不安はいくらか鎮《しず》まり、感染者数が増え続ける3月12日の声明でもまだ、すべてを閉鎖せずに事態をコントロールしようとする意志を表している。イギリスは「できるだけ干渉主義を避けた感染の抑制」を目指していることもほのめかした。私は、犠牲者が出ることは防ぎようがない、とあっさり言ってのける政治家がいることに衝撃を受けた。

「新型コロナの流行はこの何世代もの間で最大最悪の危機であることを認めなくてはなりません。私はイギリス国民のみなさんに正直に言います。たくさんの家庭において、あなたの愛する家族の誰かが寿命をまっとうせずに亡くなることになります。しかし、私たちにははっきりとした計画、アクションプランがあるのです。できるだけ感染を押さえ込み、拡大の速度とピークを遅らせる間に医療機関の対処能力を強化するというプランが。まだ学校を閉鎖するところまではいっていません」

ただ、その2日後に国内初の死者が発生し、感染者数グラフも急騰《きゅうとう》に転じてしまった。首相は再び、政府首席科学顧問のパトリック・ヴァランスとイングランド主席医務官のクリス・ウィッティーを自分の左右に従えてカメラの前に立った。顔からは笑みが消えている。

「国民のみなさん。先週とは状況が変わりました。緊急時科学諮問《しもん》グループによると私たちはもう一歩先に進まなくてはなりません。手を洗う以上の努力が必要になったのです」

さらに状況の急転について平易な言葉で一通り説明し、終わると「じゃあパトリック、君が話す番だよ」と、隣に立っていた科学顧問にバトンタッチした。今度は感染の現状とこれから起こるであろうことが具体的なデータとともに淡々と説明されていく。その後に主席医務官が続き、予想される複数のシナリオを噛んで含めるように解説した。政府の決断がすべて科学的な根拠を基になされていることは、彼らの話からよく伝わってきた。

その後も重要なアナウンスでは、必ずこの2人もしくは代役が首相の脇を固めて解説するというスタイルが続くのだが、会見で何が国民に事態の深刻さを実感させたかといえば、バカ殿が右大臣と左大臣を従えてお出ましになったような格好で登場し、いつもならまずはジョークから話を始めたであろうボリスの表情が日に日に険《けわ》しくなっているということだった。今回のスピーチは、**「すでにやってくれている、そしてこれからやることになる大きな役割について国中のみなさんに感謝したいです。ありがとう」**との字にした口で締めくくられた。

このパンデミックは政府だけで解決できるものではない。あなたたちにもやるべき役割がある。一緒に戦わなければ手が付けられないことになる。真剣さが響く言葉だった。一連のスピーチを通して、国民の間に第二次世界大戦以来であろう団結心がしだいに広がっていくのを私自身も感じていた。

個人主義のイギリス人が見せた団結心

意外なところでその団結心が見られたのは、スーパーマーケットだ。政府がアクションプランを打ち出す2日前。SNS上に「トイレットペーパーは完全に売り切れ」というコメントとともに、空の商品棚の写真が投稿された。これは、たまたま空だった棚の写真を使ったイタズラだったのだが、その投稿を見た人々はスーパーに殺到。あっという間にトイレットペーパー売り切れニュースはフェイクから真実と化してしまった。

続いて食料の買いだめが起こり、食品の補充がまったく追いつかなくなるという過去に例のない非常事態に陥《おちい》った。この時に前代未聞の行動をとったのは、大手スーパーの幹部たち。なんと競合同士が連携してパニック買いの危機を乗り切ったのだ。自社が抱える問題をライバルに教えることなど平常時ならあり得ないが、この時ばかりは違っていた。イギリスの大手スーパー10社のトップが連絡を取り合ってフランクに解決法を相談、倉庫や配達車両をシェアしたり足並みを揃えて食品メーカーに増産を頼んだりした。その時の経緯はのちに新聞記事となったが、どの幹部も「イギリス国民を飢えさせるな！」という、まるで戦争が起こったかのような使命感で全員が繋がり、気がついたら損得の計算を忘れて力を合わせていた、と口を揃えて語っている。

私が住むロンドンの街角でも家の近所でも連帯は見られた。例えば、スーパーだけでなく青果店や精肉店などの入口にも長い列ができることはよくあったが、長い勤務明けで制服のまま最後尾に並んだ救急隊員や看護師、歩行器を押すお年寄りには、誰もが「ほら先頭に行って！」と順番を譲っていた。店側はそれを見て、開店からの1時間を高齢者と医療関係者専用の買い物タイムと指定するようになった。糖尿病や膠原《こうげん》病など感染リスクの高い疾患のある人や70歳以上の高齢者に、7月まで自宅隔離するようにと政府から指示が出ると、その人たちに代わって食料や生活必需品を買い出しにいくご近所グループも自然と立ち上がった。

普段は徹底した個人主義を貫き、人と同じことをするのを嫌い、他人のプライバシーに興味が薄く、必要以上の関わり合いをあまり好まないイギリス人。その彼らが助け合い、譲り合い、思いやりのある行動をしている。非常時ならばよけいに自分と家族のことだけを考える連中が多いのではと思っていたので、これは嬉しい驚きだった。「医療関係者はコロナに感染しているかもしれないから近寄るな」といった態度もまったく見られない。首相の真摯《しんし》なスピーチは、イギリス人の中に隠れていたチャリティ精神を呼び覚ますのに役立ったのかもしれない。

苦渋の決断、ロックダウン宣言

180度の方針転換

こうして一貫した方針を掲げてコロナ禍に立ち向かっていたボリスだが、突然その足元が崩れた。政府に助言をする緊急時科学諮問グループがロックダウンはまだ不要と言い続けてきた中、メンバーの1人であるインペリアルカレッジの疫病学者ニール・ファーガソンが、このままいくと最悪の場合、国民の6割に上る4200万人が感染し、医療崩壊によって50万人を超える死者が出る、という数理モデルを使った予測結果を発表したのだ（実はこの数字、後から2万人へと引き下げられ計算プログラムにもミスがあることが実証された）。

ボリスはこの報告を聞き、すぐにきっぱりロックダウン実施を決めたという。一度納得すると恥も外聞もなく言うことを180度変えるのは、ジャーナリスト時代から変わらない。学校閉鎖については、医療従事者が子どもの面倒を見るために働けなくなるので何としても避けたいとしていたが、教職員組合からの激しい抵抗に遭《あ》い、ついにすべての封鎖を行うことになってしまった。

100万人のボランティアを集めた演説

3月23日。国家の非常事態とロックダウンを告げる臨時放送が始まった。一人で机に座る首相は今まで見たことのない厳しい表情を一度も崩さず、最後までニコリともしなかった。

「私は今日この晩から国民のみなさんにとてもシンプルな指令を出さなくてはなりません。それはステイホーム。家にいなくてはいけないということです。外出していいのは、どうしても生活必需品が足りない場合、1日に1時間程度の運動もしくは散歩、医療関係者など真に必要がある場合の通勤などに限られます。友だちが会いたいと言ってきてもNOと言わなくてはなりません。

どこの国の首相とて、こんな施策を行いたくはありません。

この混乱がみなさんにもたらすことになる損害はわかっています。だからこそ労働者とビジネスに対して前例のない規模の支援プログラムを打ち出しました。

現状では容易な選択肢はありません。

目の前の道は険しく、たくさんの命が失われる可能性があるという悲しい事実に変わりはありません。

それでも、ここから抜け出すための明らかな道があることも事実なのです。この戦いには疑いもなく、私たちの誰もが1人残らず動員されています。(中略)

今、ともに参加することは義務なのです。

この病気が広がることを阻止するために。

私たちの国民医療サービス（NHS、イギリスの国民健康保険）を守るために。何千もの命を救うために。（中略）

これまで何度もこのようなことをやり遂げてきたと私は知っています。この国の人々はこの挑戦を受けて立つでしょう。そして、戦いを経て今よりも強くなるでしょう。私たちはコロナウイルスを負かします。一緒に成し遂げるのです。

だからこそ、この国家非常事態において家にいてください、私たちのNHSを守ってくださいと私は要請します。

ありがとう」

短いセンテンスで一節一節を区切りながら「全員で戦わなくてはいけない時が来た」というメッセージを強調し、**「ステイホーム」**という子どもでも理解できるキャッチフレーズを繰り返した。

宣言の翌日には休業による解雇を防止するため、収入の8割、上限2500ポンド（約33万円、1ポンド＝132円換算）を国が3カ月間補償する制度や事業者救済、家賃および税金の滞納を一定期間認める制度といった多数の措置が次々と発表された。ロックダウンのルールには曖昧な部分が多く経済政策も穴だらけではあったが、どの国でも未曽有《みぞう》のパンデミック対策は手探り状態だ。だから、自国の対応をまあまあだと感じた人は多い。

また、首相のスピーチに刺激を受けたかのように「自分も何か役に立ちたい」と思った人はおびただしい数に上った。ハンコック保健相が翌日に医療現場周辺の業務を助ける25万人のボランティア募集を発表すると、たった24時間で50万人が全国から応募し、最終的には100万人を超えた。

医療キャパシティを拡大する面では、全国の大型展示会場を借り上げてコロナの集中治療専用の病院をいくつも造ることになった。普段のイギリスでは小さな家を建てるのにも1年かかったりするのだが、この時は陸軍が全面的に協力し、たった9日間という信じられない速度で最初の一つをロンドンに完成させてしまったのだ。コロナ禍が始まって以来、いろいろな出来事に驚かされていた私だが、これには「やればできるんだイギリス人……」以外に言葉が出てこなかった。

この仮設病院は、イギリスが誇る看護師で近代医療の母でもあるフロレンス・ナイチンゲールにちなみ「NHSナイチンゲール病院」と名付けられた。ビクトリア時代にイギリスから組み立て式のプレハブ病院（世界初）をクリミアの戦地に送り、たくさんの負傷兵士の命を救った逸話をパンデミックと重ね合わせた命名センスは評判になった。巨大なスペースに500床のベッドと人工呼吸器が整然と並ぶ様子がテレビで盛んに報道され、来るべき流行のピークも乗り切ることができそうな気がしてきた。

ボリスの文才？　キャッチーな標語

いろいろな施策をキャッチーなフレーズやビジュアルにしたりして国民に見せることを怠《おこた》らないボリスは、ツイッターやインスタグラムなどの個人アカウントも上手《じょうず》に利用し、さすがジャーナリスト出身と思わされるコミニュケーション力を今回のコロナ禍でも発揮していた。

非常事態宣言と同時に、政府が外交などに使う正式な便箋《びんせん》を使って全国の世帯に手紙を送り「ステイホーム」をこれでもかというほど強調したほか、個人の携帯電話にもイギリス政府の名でロックダウンが始まったというアラートメッセージを送った。

ボリスの文筆家としてのセンスなのか、それとも広報スタッフが優秀なのか、この政府が打ち出すキャッチフレーズにはとても明快で覚えやすいものが多い。「ステイホーム」はロックダウンが解除に向かうと「ステイアラート（気を緩めないで）」に変わって継続性が保たれ、のちに経済再建計画が始まった時のかけ声は「Build Back Better（前よりよいイギリスを再建しよう）」と、Bを使う単語を3つ並べた語呂《ごろ》のよいものだった。

女王が国民に語りかけた異例のスピーチ

「私たちはまたお会いしましょう」

全国規模でのロックダウンに突入したイギリスに、4月のイースター（復活祭）休暇が近づいてきた。イギリス人にとってイースターの連休とクリスマスは、日本のお盆と正月のようなもので年間通して最も重要な祭日だ。学校の春休みと重なるため家族旅行も多い。しかし今年は、フライトはキャンセルになり、実家の親に会いに行くことも禁止されている。イギリスにしては珍しく連日快晴が続いていたにもかかわらず人々の心は重かった。

そこにボリスのコミュ力をはるかに上回る人物が異例のテレビ放送を行い、国民の心を癒そうとした。その人物とは、エリザベス女王だった。

女王は毎年クリスマスを祝うメッセージを放送するのだが、これまで非常時に国民に語りかけたことは70年近い在位中にたった4回しかない。その上、伝染病のパンデミック時に特別放送を行うというのはこれが初めて。とても異例なことだった。
鮮やかな緑色の服を着た女王はウィンザー城の執務室から国民に向かって話し始めた。

「ますます困難な情勢になっている時だということを踏まえて今、私はみなさんにお話ししています。混乱の時は一部の人に深い悲しみを、多くの人に経済的困窮《こんきゅう》をもたらし、私たち全員の日々の暮らしに甚大《じんだい》な変化を引き起こしました。私はまず、医療の最前線にいる人やケアワーカーなど、自身の危険を顧みず日々の任務を行っている人々に感謝したいと思います。国民のみなさんにもご同意いただけることと思いますが、あなた方が激務をこなしてくれているその1時間1時間こそ、私たちが普通の日々に戻る時をより近いものにしてくれているのです。

そして、家に留まっている国民のみなさん。あなたたちは家にいることによって体の弱い人々を（感染から）守り、すでに家族を失ってしまった人々の心の痛みを少しでも和《やわ》らげているのです。（中略）

国民全員が団結し毅然《きぜん》とした態度で取り組めば、この困難を克服できると私は責任を持って言います。これから何年も経って、乗り越えたことに誇りを感じるでしょう。自律する心、控えめで善良なユーモアのある物事の解決の仕方、仲間意識は今もイギリス人の国民性です。これは過去の話ではなく、私たちの現在と未来を定義するものなのです。（中略）

自己隔離はとても苦しいことに思えるでしょうが、信仰を持つ人も持たない人も、隔離生活とは日々の活動を減速し立ち止まって振り返る機会である、と祈りや瞑想《めいそう》を通して発見しています。そしてまた、今回のことは私が初めてみなさんへのラジオ放送を行った1940年（当時14歳）の1日を思い出させます。妹にも手伝ってもらいました。子どもだった私たち2人は私が今いるこのウィンザー城から、戦争のために親元を離れて疎開した子どもたちに話しかけたのです。今日も再び、多くの人が愛する者と会えないつらさを感じていることでしょう。けれどもあの時も今も同じように、私たちは心の奥底で当然やるべきことを行っているのだとわかっているのです。（中略）

しばらくの辛抱ではありますが、より良い日々は戻ってくるでしょう。また友だちと一緒になるでしょう。また家族と一緒になるでしょう。私たちはまたお会いしましょう。しかし今のところは、感謝と幸福への祈りをみなさんにお送りしておきます」

93歳（現在94歳）の女王は、いつものフォーマルさとは異なる温かみのある表現を使い、国民一人ひとりに言い聞かせるように語った。ロックダウンが終われば、祖父母は孫と再会でき、離れて住む恋人同士もまた一緒になれる。しかし、スピーチに出てくる女王の妹マーガレット王女はしばらく前に他界している。女王が妹と会える日はもう、永遠に来ないのだ。そっと込められた悲しみは、コロナで家族を失った人々の嘆きと重なって聞く者の胸を打ち、普段はイギリス王室に関心が薄い自分も思わず涙してしまった。

また、最後に出てきた「私たちはまたお会いしましょう」のフレーズは、第二次世界大戦時に大ヒットした〝We'll Meet Again〟という歌の歌詞から来ていて、ピンときた高齢者や音楽ファンをにんまりとさせた。

イギリス人は良質なユーモアを持つ国民だと称《たた》える女王の心憎いエンディング。まったくもってお見事と言うしかないスピーチだった。この放送を急いで準備するにあたり、女王は政府と緊密なやりとりをしたと言われるが、どこかにボリスの筆が入っているようにも感じたのは自分だけではない。それはともかく、約70年もの間イギリスと連邦国の象徴として君臨し、さまざまな浮き沈みを見てきた人物の言葉はどんな政治家のスピーチよりはるかに重みが感じられたことは確かだ。

死の淵に立ったコロナ感染

途絶えたツイート

ロックダウン中は、学校が閉鎖され多くの労働者が自宅勤務や一時帰休となった。家族全員が常に家の中にいるようになると、しばらくは奇妙なホリデー気分が続いた。たくさんの人が1日に1回だけ許される1時間程度の散歩に繰り出し、飛行機雲がまったく見られない空をまぶしそうに見上げ、普段よりずっときれいな空気を吸い込んだ。マスク着用は推奨されていなかったものの、だんだんと街角でマスク姿の人が目につくようになり、つけても嫌な顔をされることはなくなった。「感染者約2万4000人、死者約1200人という感染スケールでも（3月27日時点）、総人口6800万の国をまるごと閉鎖して経済活動をほぼ完全にストップしなくてはいけないのか？」という疑問は感じながらもほとんどの国民はルールに従っていた。都市部では医療関係者の間にも広がりが見られたものの、自分の同僚も友人も家族も今のところ無事だ。チャールズ皇太子の感染が発表されたが、皇太子は70歳を超えている。感染流行が自分に直接関係のあることだという実感はなかなか持てなかった。

ところがロックダウン開始から数日後、首相をはじめ複数の政治家が陽性だと判明すると、新型コロナは突然身近なものに感じられたのである。ボリスは首相官邸内の居所で自己隔離し、ネクタイをはずして仕事を続けた。動画やツイッターで盛んに「今日初めてデジタル閣議をやった！」「感染したらボクのように家にこもって他の人を守ってください」などと発信し、元気な様子を見せていた。しかし、女王の特別放送が行われた翌日に各新聞の一面を飾ったニュースは、感動的な女王のスピーチの話ではなく、「ボリスが夕方からロンドンの病院に緊急入院した」という速報。「医師団の助言に従って検査のために入院しましたが、病床から仕事は続けますから」というツイートを最後に、ボリスの発言はぷつりと途絶えた。

イギリス首相がコロナにかかり重症らしいというニュースは、世界中に衝撃を与えた。55歳（現在56歳）とまだ高齢ではないが、この年代でも1週間ほどの熱と咳が続いた後に突然重症化して亡くなったという例がいくつもメディアで取り上げられ、首相も同じ運命をたどるのではと示唆《しさ》せんばかりだ。もしもそうなったら、パンデミック対策の指揮は誰がとるのか？　離脱後の貿易条件などを決める交渉がコロナ禍で止まったままのブレグジットはどうなるのか？　この日から5日間、国民はイギリス人がいうところの「喜怒哀楽のジェットコースターに乗せられたように」激しく動揺した。

国民の半数は、国民投票の結果を尊重してEU離脱を果たしてくれたリーダーの無事な生還を真剣に祈った。残りの半数は、もしボリスがいなくなれば合意なき離脱を避けられるだけでなく、EUに戻ることも夢ではなくなるかもしれないと密かに思った。しかし、ソーシャルメディアに現れた「死ねボリス」「ざまあみろ」といった心無い投稿を「どんな人に対してでも、死を願うことは人道的に許されない」と糾弾《きゅうだん》したのは思いがけない数の反ボリス派やEU残留派だった。いつもなら左派と右派に分かれてお互いの主張を絶対に認めない人々が、この時ばかりは人の命をめぐる倫理やマナーについて同意を交わしているのは興味深かった。ボリスの子どもを身ごもる婚約者キャリー・シモンズの出産予定日が間近なこともあり、イギリスには同情と心配の声が満ちていた。

「ありがとうNHS」

週明けの月曜日、4月6日。国務大臣ドミニク・ラーブが会見し、首相の症状は安定しており病床から仕事をしていると語った。だが、最後に話したのはいつかと質問されると、「土曜日だった……」と答えがしどろもどろになってしまう。実はこの時、ボリスは病状が急速に悪化したために集中治療室に移され、親子の縁を切ると宣言した前妻との間の4人の子どもたちまで枕元に呼ばれていたのだった。

その晩に、国務大臣が正式に臨時首相代理に命名されたというニュースが流れると、政府はすでに最悪の事態に備えているという噂が飛び交った。頼りない印象の首相代理や他の大臣たちの右往左往ぶりは、ボリスが超ワンマンリーダーだったことを物語るのか、あるいはもう亡くなってしまったのを必死に隠しているのかわからない。イギリスの地図の上にボリスの形をした大きな穴がぽっかりと開いて見え、私には胸騒ぎを抑えることができなかった。

ボリスは名門イートン校在籍中から猛烈な競争心で知られていた。当時の同級生で親友だった故ダイアナ妃の実弟チャールズ・スペンサーによれば、ささいなことでも人に負けると地団駄《じだんだ》を踏んで憤慨《ふんがい》していたそうで、昔も今もとにかく負けるのが嫌いだった。

その競争心はどうも、コロナウイルスに負けることを許さなかったようだ。ボリスは重篤な症状を示しながらも人工呼吸器装着を免《まぬが》れ、酸素マスクだけを使って回復したばかりか、48時間後にはベッドの上に身を起こして座っていた。誰もが安堵《あんど》のため息をついた。食事ができるようになるとさっそく周りに愛嬌《あいきょう》をふりまき、医師や看護師が「首相」と呼びかけるのを**「ボリスでいいよ。ボリスで」**と手を振っていたというが、担当の看護師たちはのちに、その命がどれほど危険な状態に陥っていたかをインタビューで語っている。

4月12日。イースターサンデーの祭日に退院したボリスは、すぐさまスーツを着てスピーチを放送した。やつれた顔つきだったがしっかりした声だった。

「今日、私は1週間の入院を経て退院しました。NHSが私の命を救ってくれたことには疑問の余地がありません。いったいどのくらい恩義を感じているか、言葉になどできません。

(中略)

この7日間というもの、私は当然のことながらNHSに多大な重圧がかかっているさまを見てきました。医師や看護師だけでなく、掃除人や料理人などあらゆる肩書きをもつすべての人、一人ひとりの勇気を見てきました。毎日毎日出勤して危険を顧みずに致命的なウイルスの感染リスクに身をさらしている医師、放射線技師、薬剤師など。みなさんの勇気、献身、義務感、そして愛情が私たちのNHSを無敵なものにしていることに感謝します。

私は個人として、とてつもなく優秀でそれぞれが専門分野のエキスパートである男女の医師たちにお礼を言いたいです。特にニック。数日前にとても重要な決断をしてくれたことに、私は生きている限り感謝し続けます。そしてお世話になった男女の看護師さんみんなに感謝したいです。名前を忘れている人がいたらごめんなさい。ポー・リン、シャノン、エミリー、エンジェル、コニー、ベッキー、レイチェル、ニッキーとアン。そしてとりわけ、生死の境目にいた私のそばに48時間つきっきりでいてくれた2人の看護師。ニュージーランドから来たジェニー。正確には南ニュージーランドのインバカーギルからだよね。それからポルトガルのポルト市近くからきたルイス。私の体が再び十分な酸素を取り込めるようになったのは、彼らが夜通しで毎秒毎秒見守ってくれ、状況を考察し、いたわってくれ、必要な措置をその都度取ってくれたからです。

自分の経験から私は、24時間を通してこの国のいたるところで数えきれないほどのNHS従事者がジェニーやルイスのような深慮、思考力、的確さをもって行動してくれていることを知っています。この人たちのおかげで私たちはコロナウイルスを打ち負かすことでしょう。一緒にやるのです。私たちは勝つ。なぜならNHSはこの国にとって鼓動する心臓だからです。この国の最高なところなんです。（ウイルスによる）征服《せいふく》は不可能です。NHSは愛によって動いているからなのです。

だから私から、そしてみんなから、ありがとうNHS！」

時にうっすらと涙ぐんでいるような表情で感謝の言葉を並べつくしたボリス。8回も「ありがとう」を繰り返すことも異例なら、一国の首相が公式のスピーチにおいて看護師の実名を挙げてお礼を言うとは前代未聞だ。最後の部分では自分の命を救ってくれたＮＨＳを言葉が浮かぶままにほめあげている。うまくまとまっていないスピーチには抑えられない感情があふれていて、人間としてのボリスが語っていることが強く伝わってきた。

それにしても、男女の看護師に感謝すると言いながら女性看護師の名前ばかり10名も挙げて、男性看護師の名はベッド担当だったルイス以外すっかり忘れていたのには、ボリスの顔を見てほろりとした自分も思わず苦笑してしまった。

リーダーは戻ってきた。ＮＨＳのおかげでコロナから生還したイギリス首相ボリス・ジョンソンは、ついに他人の痛みを感じることのできる人間に生まれ変わり、今までおざなりにしてきた医療制度の慢性的な予算不足を改善するのではないか。コロナ禍の現場と底辺にいる人たちの苦労を踏まえた政策を考えるようになるのではないか、という期待が広がった。

すっかり変わってしまったボリス

しおらしいスピーチ

スピーチの後、カントリーサイドにある首相用の公式別荘チェッカーズに移動し、身重《みおも》の婚約者とともに2週間の静養期間を取り再び音沙汰《おとさた》がなくなったボリス。やっと公務に復帰したと思ったら、その直後に婚約者が男児を出産した。ボリスにとっては、嫡出子と婚外子を含めて少なくとも6人目の子どもとなる。

子どもが生まれた後の首相のスピーチはだんだん、スライドを使って感染者数の分析を見せながら現状と施策を説明する凡庸《ぼんよう》なパターンが多くなり、今までのように言葉で国民を納得させ動かそうという意気込みがなぜかあまり感じられなくなった。7月以降には首相の声明は2週間ごとにしか出されなくなり、7月最後のスピーチはその前に発表された解除プランを見直すことになったという内容だった。

「来る8月1日にはイングランドで多くの制限が解除できるようになるかもしれないと、2週間前に言いましたね。残念ながら、解除は少なくとも2週間は延期しなくてはなりません。……この措置がたくさんの人にとって大きな痛手であることはよくわかっています。結婚式の計画が台無しになった人、宗教的な祝祭が例年のようにできなくなった信者のみなさん。本当に本当にごめんなさい。しかし、私たち政府は黙ってみなさんにリスクを冒《おか》させることはできないのです」

コロナにかかる前のボリスと打って変わった、実に申し訳なさそうな口調。刻々と変わっていく状況の中で、感染防止策と大打撃を受けている経済の復興策との板挟みになっている政府の苦しい立場が伝わってはくる。しかし、今までの「一緒に戦おう」というメッセージは薄くなり、警察の権限を強化するなど命令的な色合いも濃くなってきた。

7月23日に首相就任1年を記念して受けたBBCのインタビューでは、**「パンデミックの初期の頃、イギリス政府はウイルスの性質をよく知らなかった。もしかしたら違うやり方があったかもしれない。ロックダウンが正しい方針だったかどうかは、まだわからない」**と、初めてこれまでの政策を省みる態度を示した。しおらしいボリス？　ありえない。公共の場の屋内でのマスク着用がやっと義務化されたのはこの頃だ。

コロナ第二波の影が欧州各地に現れ始め、緊急時科学諮問グループはイギリスでの予測と対策を巡って以前よりさらに意見が分かれ、指南役として頼りなくなってきた。さらに、EUとの交渉は「合意なき離脱」へと向かいつつある。離脱派でさえも合意なしに離れるのは好ましくないとする意見が多い。新体制への移行はコロナがなくても社会と経済に大きな変化と混乱が予想されている。2回目の全国ロックダウンとのダブルパンチはできるだけ避けたいという首相の焦燥感が、今までの言動とは違う態度として表れてきたのかと感じた。

本当のボリスはどこだ?

政府への信頼が最も激しく失われたのは、大学進学のための全国統一試験の結果発表の時だった。イギリスでは、15〜16歳で行われる統一学力試験の後に、進学したい分野を絞って3〜4科目のみを2年間にわたり勉強する。それからAレベルと呼ばれる統一進学試験を在籍する学校で受け、その結果で希望する大学への合否が決まる。通常、試験時期は6月で結果発表は8月だが、今年はコロナ禍により早々にどちらの試験もキャンセルされた。その代わりに、資格と試験の監査を司る機関Ofqual（オフクォル）がコンピューター計算モデルを外部に依頼して作り、学校側から提出された生徒一人ひとりの過去の学習データや試験結果予想を基に成績を決定することとなった。

しかし、8月中旬にふたを開けてみると、AIを使用した自動採点アルゴリズムからは半数近くの生徒に対して今までの本人の実績からは考えられないような低い成績が吐き出された。大量の生徒が、志望する大学からもらっていた仮合格（志望先から、あるレベルの成績を取ったら正式合格という条件を試験前にもらうイギリス独特の受験制度）を取り消されて落第してしまった。生徒と親だけでなく学校も大憤慨し、国会議事堂のあるウェストミンスターではデモも起きた。

教育大臣ギャビン・ウィリアムソンは矢面《やおもて》に立ち、政府は正しいことをやったと言い張った。ボリスも休暇先から「今回の結果はしっかりとした内容で信憑性《しんぴょうせい》がある」と援護し、さらに国民の怒りの火に油を注ぐことになった。計算プログラムの内容は公開されず、数学者らが逆算してみるとなんともお粗末としか言えない作りだった。

結局4日後に、大臣の謝罪とともに結果は撤回され、教師が提出した各生徒の予想成績が採用されることとなった。２週間の休暇を取って戻ってきた首相は学校の視察に訪れ「突然変異を起こしたアルゴリズムが君たちの成績を脱線させかけたんだ。全国の生徒たちが大変なストレスを受けたと自分はわかっています。やっとなんとかなってよかったよかった」とまるで他人事のような口ぶりで生徒たちに語り、またしても猛反発を受けた。

「ステイホーム！　私たちのＮＨＳを守ってください」と熱っぽく訴えた一国のリーダーと同じ人物とは思えない発言。休暇に入った当初に行方《ゆくえ》がわからなかったことも合わせて、「Where Is Boris?（本当の）ボリスはどこだ?・」という見出しが雑誌などに躍《おど》った。よく知られるイギリスの絵本『ウォーリーはどこだ？』（邦題は『ウォーリーを探せ』）をもじったタイトルだ。

近所の在宅勤務者同士が、再開したばかりのパブに集まった時も話題はもっぱら「別人ボリス」についてだった。元気そうに見せているが本当はコロナの後遺症に悩まされているのかもしれない。あるいは今のボリスは替え玉で、実はコロナで死んでしまったのでは？　首相の変貌にはこのように、何か頓狂《とんきょう》な理由でもあるのではないかと誰もが疑ってみたくなるような不可解さがあった。

「未来を託した人物ではない」と離れだしたサポーター

感染で脳に後遺症？

学校が段階的な再開を始めた9月には自宅勤務から出社組に戻る人も増え、街には少しずつ活気が戻り始めた。ところがその途端に感染者数が再度増えだした。1カ月ぶりにテレビ画面に登場した首相のスピーチを聞いて国民は耳を疑った。

「……私もみなさんも、すでに実施されている規則が守られるよう、より強力な取り締まりを望んでいるのです。このため、地方自治体の権限を増強し、繁華街などにCOVID－19安全係官を配置します。違反を見逃す店には罰金も科します」

すでに自主的に見回りを行っている自治体はあったが、首相の表現はまるで旧東ドイツの秘密警察シュタージの再来ではないか。フランス、ドイツ、イタリア、スペインなどと違い、近代から今までに一度も独裁者を出したことのないイギリスにはなじまないやり方だ。自由主義を愛するボリス自身が一番それをわかっているはずなのだが。さらに9月下旬には、やっと活気を取り戻しかけた外食業界にまたしても、飲食店の営業時間は22時までという足枷《あしかせ》がはめられてしまったが、納得できる科学的根拠は一向に説明されなかった。

言うまでもなく、リーダーとしてのボリスへの支持は下がり始めた。長年のサポーターたちまで「この男はもはや、自分たちが一票を入れて未来を託した人物ではない」と言いだした。「コロナの後遺症で慢性疲労では？」という噂は今や「脳にダメージを負ったに違いない」というレベルにまで上がっている。追い打ちをかけるように、首相を取り巻く大臣たちも財務大臣を例外に失敗策ばかり打ち出していた。

14兆円を投入して2021年には1日1000万件のPCR検査を行えるようにするという「ムーンショット作戦」案は、発表前にメディアによって達成不可能な目的と暴露され、激しい批判を浴びた。鳴り物入りでオープンしたNHSナイチンゲール病院は、重症者数が予想より少なかったことからほとんど使われていない。新学期が始まると新入生用の大学寮でクラスターが発生し、入学そうそうに多数の学生が個室での自己隔離を命じられてしまった。また、児童や学生の公共バスの利用は高齢者を含む成人への感染リスクがあるとのことから禁止となったものの、各自治体はスクールバスを出すお金などないと反発。保護者が車で送迎するはめになり、通学時間にはとんでもない交通渋滞を発生させた。どこを見ても大混乱が起こっている。

さらに悪いことには、労働党のロンドン市長サディク・カーンをはじめ、コロナ禍は宿敵ボリスを引きずり下ろす好機とみた政党や政治家、EU残留派の公務員が組織の大多数を占める行政機関などが揃って、いけすかない離脱政府の指示なぞ素直に実行するものかという態度だ。数々のコロナ政策は、このように政治的に複雑な理由も重なり現場での実施がうまくいかないことが多く、責任を追及されたのはもちろん首相だった。そして半年前に熱く盛り上がった国民の団結心はすっかりエネルギー源を失い、しらけてしまったようだった。

アフターコロナへ向かってボリスはどこへ行く?

ワントリック・ポニーな政府

「別人」と呼ばれていることに気づいたらしいボリスは、10月にBBCのインタビューに応じた。その様子を伝えた新聞記事は、「去年の今頃はジャガノート（恐るべき突進力と破壊力、頑強《がんきょう》な肉体を持つ超人間を指す）としか呼びようのない勢いですべての障害物をぶち壊して突破し、総選挙で圧勝し、離脱を果たし、冗談を連発しながらポジティブで楽天的なオーラを発していたのに、1年後の今は正反対で支援者にも見放されてきている」と、首相の変わりようを表現している。番組ではインタビュアーへの突っ込みも少なく、ジョークも出なかった。

コロナの後遺症に悩まされているのではないかという心配があるが……と聞かれると、「そんなのたわ言だ、でたらめだ、ナンセンスだ」と笑い飛ばし、「ボクは肉屋の番犬を何匹も合わせたよりも元気だよ」と健康問題を一蹴した。しかし「前よりおとなしくなったようだが?」には「こんな時におどけちゃいけないと思っているので……」と、以前には想像できない答えが。最後だけ「わが政府はマニフェストから逸《そ》れるつもりはない。今は減速する時ではなく、加速する時なのだ！」と力強く言い放った。閣僚たちを叱咤激励するための一言だったらしいが、見ていた側は思わず「それって自分に向けて言ったほうがいいのでは？」とつぶやいてしまった。

しだいに、ボリスはＥＵ離脱と移行期間中の交渉を邪魔されずに進めるため、政治能力は二の次で自分の味方だけを周りに配したという見方が定着してきた。ワントリック・ポニーという言葉が英語にはあるが、これは一つしか芸（トリック）がないサーカスの子馬を指す。今の政府はこのポニーに喩えられている。長期間かけて計画したＥＵ離脱は実行できるが、計画外の事態には何一つうまく対応できない内閣。

そんな評を振り払うかのようにボリスの活動は活発になり、保守党のヴァーチュアル年次総会の基調講演では、まず自分ネタのジョークで参加者を笑わせた。

「コロナが私の Mojo（モージョー＝魔法の力）を奪ったという噂がありますが、それは私たちが失敗すればいいと思っている人たちのたわ言にすぎません。たしかに重症になりひどい目に遭いました。でもそれはですね……私が太りすぎていたからだったのです！　あれから

11キロも痩せたんですよ」

これは、たくさんあるボリスのニックネームの一つBojo（Boris Johnsonの名前と苗字の最初の2文字をくっつけてボージョー）とMojoをかけたシャレだ。ボリスが自慢する「魔法の力」の一つは、自分に反感を持つ人と話すのが得意なことだ。実際に、私の知る社会派ジャーナリストには、ボリスに密着取材する機会を得たので必ずや質問攻めにしてギャフンと言わせようと勇んで出かけたものの、半日行動をともにしただけで魔法にかかったようにその人柄に惹かれてしまったという人がいる。

オンラインで聞き入る聴衆を、このMojoですっかり自分のペースに乗せた後、ボリスは環境政策や産業推進策を矢継ぎ早に打ち出した。

「母なる大自然は私たちをコロナでズタズタにしました。でも自然界の掟《おきて》に沿って私たちはよりグリーンに立ち直るでしょう。そして、この政府こそはそのグリーン産業革命を推進するのです」

過去には「役立たず」とこき下ろしていた風力発電が突然ここで登場した。それは、北イングランドとスコットランドの沖合にオフショア発電所を建設して6万人分の雇用を生み出し、これからの10年間でイギリスのすべての家庭において風力から作られた電力が使われるようにするという計画だ。スピーチでは、キャッチーなフレーズやシャレもちりばめられており、以前のボリス節が復活している。さらに、年次総会後の10月5日にはすでに稼働している風力発電所を訪問した。報道陣のカメラに向かって電気自動車のチャージャーを構えておどけたポーズを見せる様子には以前の快活さが感じられた。

ジャガーノートに変身するには？

リモートで行われた国連の気候行動サミット会議でもボリスは似た内容のスピーチを繰り返し、アフター離脱、アフターコロナのイギリスはグリーン産業で大いに潤う、という図を鮮烈に描いて見せている。

「2030年のイギリスを訪れたと想像してください。今日、私が描いた多くのプログラムが完遂されていることでしょう。あなたはゼロカーボンの国産ジェット機で到着し、離脱後に発行される青いパスポート（EU加盟国時代には赤だった）かデジタルIDを読み取り機にシュッとかざしてから電動タクシーに乗るのです。（中略）そこでは20代から30代の若い世代の収入で家を買うことができ、学校の教育は素晴らしく犯罪率は低い世界になっています……」

と、バラ色の未来とは緑色の未来である、という話をえんえんと続けていく。

「歴史を振り返ると、戦争、飢餓、今回のような伝染病といった大規模な災いが過ぎ去った後、（社会は）元の状態に戻ってはいません。こうした出来事はたいてい、社会と経済の変化を加速させる引き金となるものなのです。なぜなら、私たち人類は単に修復を行うだけでは満足はしないからなのです」

ここまで聞いてなるほど、と思った。

目の前の悪戦苦闘状態にすっかりのみ込まれている国民の目を、ボリスはアフターコロナの近未来に向けさせようとしている。２０３０年にはまったく新しい社会が姿を現しているという理由は、パンデミックでそれまでの経済が崩壊しまるで焼け野原のようになり、いわば地ならしができたから、と言わんばかりの勢いだ。ボリスの中でようやく、出口の見えない「コロナ禍」と自分が偉人として名を残すべき「未来」の位置づけがはっきりしたのではないか。勝つことにしか興味がない人物というのが事実なら、ボリスは自分が勝者になれると確信できるゴールが見えないと、ジャガノートとしての怪力と魔法の力を発揮できないのだろう。そのゴールが国民にとっても望ましい場合には、イギリスにとって最強のリーダーとなれる可能性があるわけだ。

しかし、どれだけの人がこのグリーン産業革命という気《き》宇《う》壮大《そうだい》なストーリーに乗って首相についていくのだろう。大量の失業者は財務大臣の解雇防止補償の恩恵も受けられず、クリスマスすらまともに過ごせそうにない人々の顔色はグリーンな未来どころか、今すでにもう緑色＝グリーンになっている（英語では顔色が悪いことを青ではなく、緑と表現する）。11月3日にはついにイングランド全域が4週間のロックダウンに突入したが、効果はあまり上がらず、12月に入っても各種の規制が地域別にだらだらと続けられている。12月8日からは念願のワクチン投与が始まったとはいえ、全国民に行き渡るまでに1年くらいかかりそうで、急に状況が好転する兆しはない。

もはやコロナ禍は政治的人災

年内休業を強いられた飲食店、通販サイトのない小売業、エンタメや旅行業界にとって今年のクリスマス商戦は、不戦勝ならぬ不戦負けだ。倒産、失職、コロナ離婚などにより、うつ病や自殺者の数も急上昇している。一方で、収入が減らなかった一握りの人々は「今年はホリデーにも行かれなかったし、外食も減ったしでお金が余っちゃって」と、新車を買い、ネットショッピングにいそしんでいる。長期にわたるロックダウン休校によって子どもたちの学力にもとんでもない差が開いてしまった。どちらを向いても目につくのは分断と格差ばかりだ。ボリスといえば期限が迫るEUとの貿易交渉に没頭して各大臣にコロナ対策を任せっきりという印象が強く、もはやコロナ禍は天災ではなく政治的人災だという声が聞こえる。

新年には、ブレグジットだけはカタがついているだろうが、雷雲のように膨れ上がったコロナ試練が待ち受けているだろう。はがれ落ちた仮面をつけ直したらしいイギリス首相ボリス・ジョンソンは、再び前面から国民をリードし、この国を緑色の未来に牽引していくことができるのだろうか。

第2章

戦争司令官が初めて見せた寄り添う姿

提供：AFP＝時事

フランス
エマニュエル・マクロン大統領
（大統領在任期間：2017年5月～）

文／プラド夏樹

◆**プラド夏樹**（ぷらど なつき）

フランス・パリに32年在住。慶應大学文学部哲学科美学美術史学専攻。ベルサイユ国立地方音楽院卒。パリ市のサン・シャルル・ド・モンソー教会の主任オルガニストを務めると同時に、フリージャーナリストとして活動。社会、宗教、性、ジェンダーに関する現地情報を歴史的、文化的視点から発信。著書に『フランス人の性』（光文社新書）、共著『日本のコロナ致死率は、なぜ欧米よりも圧倒的に低いのか？』（宝島社）。

【フランス基本データ】（2020年12月15日時点）

- 人口：**6533万9460人**
- 累計感染者数：**237万9915人**
（人口100万人当たり：**3万6424人**）
- 累計死亡者数：**5万8282人**
（人口100万人当たり：**892人**）
- 人口100万人当たりの累計検査数：**44万6687件**
（1人が複数回検査した数も含む）

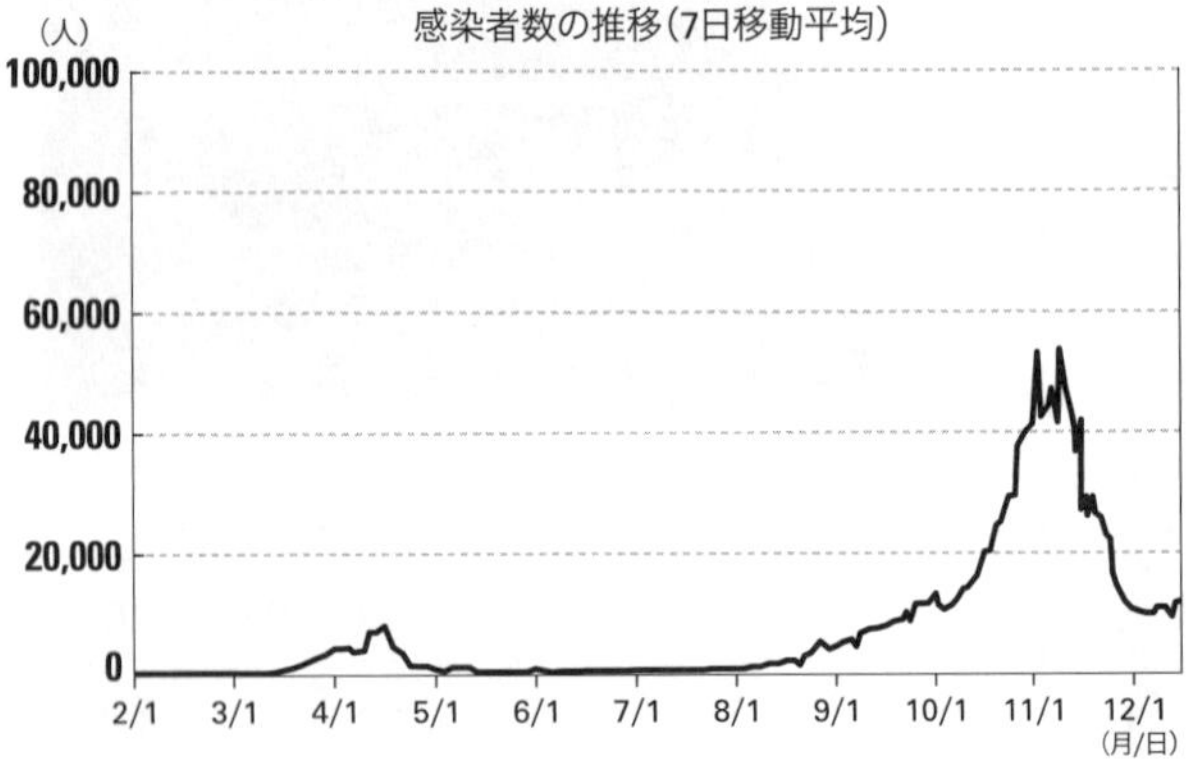

出所）Worldometer　https://www.worldometers.info/coronavirus/#countries
Dong E, Du H, Gardner L. An interactive web-based dashboard to track COVID-19 in real time.　Lancet Inf Dis. 20（5）: 533-534. doi: 10.1016/S1473-3099（20）30120-1を基にグラフを作成

思わずたじろいだ医師との2分間の握手

手を離してもらえなくなった大統領

私にとってCOVID－19が自分のことになったのは、2020年2月22日の夜。ブログに書く題材を探していて、イタリア北部で51人が入院し、2人が亡くなったという記事を読んだ時だ。その日まで「アジアで流行《はや》っている感染症」に過ぎなかったCOVID－19が突然、リアルなものとして自分の生活に迫ってきた。感染源がわからないというところが不気味だった。

翌日、累計感染者数約150人、死者3人と発表したイタリアは突如、世界で3番目に感染者が多い国になった。北部の住人約5万2000人が外出禁止令下におかれ、軍隊が出動する物々しい様子や燦々《さんさん》と陽が照っているのに空っぽな村広場の様子がテレビのニュースには映った。欧州は地続き。イタリアにクラスターが発生したら、フランスでも大感染が起きることは必至だ。さまざまな噂が飛び交いメディアが騒然とし始めた。そして案の定、数日が経った2月26日にパリのサルペトリエール大学病院で初めてフランス人感染者が亡くなった。マクロン大統領は翌日、同病院を訪問した。

医療崩壊をすでに第一線で感じていた医師や看護師たちを前に、大統領は「**フランスの医療は世界で最も優れているものの一つ。大感染対策は完備できていますからね**」と語った。しかし、感染状況を説明しながら「このままではフランスもイタリアのように、待合室で患者さんが亡くなるような状況になりかねませんよ。そうなったらとても今まで通りの病院の状態では対応しきれないと思います」と、医師に迅速な対応を求められると、「**でも、すべてをストップするわけには……**」と口を濁《にご》した。就任してから3年足らずで失業率を2・3ポイント減少させることに成功していた大統領にとって、この時点では経済成長を続けることが第一で、イタリアのように外出禁止令を発令することは言語道断だったのだ。

次いで、連なる医師や看護師たちとにこやかに握手を交わしたが、ここでのちに多くのメディアで取り上げられるちょっとした事件が起きた。握手を交わした神経科のフランソワ・サラカス教授に手を離してもらえなくなったのだ。

教授はマクロン大統領の手を握りしめながら、「私たちはできるだけのことをしてきました。でも、もう疲労の限界です……。公立病院は、できる限り迅速な財源供給を必要としています。改革を予告するだけではなくて、本当の意味で実際にこの状況を変えてもらいたいのです」と言った。

大統領は「わかりました」と月並みな慰《なぐさ》めを言ってその場を立ち去ろうとする。しかし、教授の分厚い手は逃れようとする大統領の手を強く握って引き戻した。

大統領は小声で「病院改革をしてこなかったのは歴代政府もですよ。彼らがやってこなかったことのツケを私が払わされているような気がしますが」と弁明した。しかし、教授は「でも、大統領になるということはそういうことを含めてすべての責任を引き受けることじゃないですか？　あなたがやるべきことは、国民を守るために今すぐ行動することなんですよ。ノートルダム大聖堂が火事になった時は、すぐに多くのお金が集まったじゃないですか（3日で8億5000万ユーロ、約1020億円、以降1ユーロ＝120円換算）。病院システムも、同じように燃えているんです」と、年若い大統領を父親のように諭《さと》した。

これにはたじろいだ大統領。咄嗟《とっさ》に「あなた方を頼りにしていますよ」と言うも、ニヤリと笑ったサラカス医師に「もちろんですよ。でもその反対に、私たちがあなたを信頼し続けるかどうかはあなたしだいですよ」と返された。握手は2分近くも続いたという。

最高神ジュピター

大統領は医師の中流家庭に生まれ、パリ政治学院から官僚養成校である国立行政学院に入学するという超エリートコースをとんとん拍子で歩んだ。

財務監査局を経てロスチャイルド投資銀行へ入行。オランド大統領下で官邸事務局次長を2年、経済・産業・デジタル相を2年経験しただけで、「右派・左派のイデオロギーによって硬直しきった政治からの脱出」をモットーに2017年の大統領選に立候補した。

当初は、誰もこのわずかな政治経験しかない無名の若者の当選を信じていなかった。しかし、「いつもと同じ顔ぶれが牛耳《ぎゅうじ》る政治にはもう飽きた」と思っていた国民の支持を得ることに成功すると、同年5月の決選で極右派のマリーヌ・ル・ペンに圧勝した。39歳だった。

就任パレードは、大統領が国産普通車に乗ってシャンゼリゼ大通りで国民の喝采を浴びるのが通例だ。が、マクロン新大統領は軍用車に乗って「軍隊総司令官」として現れ、国民の度肝を抜いた。キラキラ光る金色の兜《かぶと》を被った騎兵隊に囲まれてパレードする大統領は、35歳で皇帝になった「ナポレオンの再来」にも映った。一方で、カリカチュア（風刺画）では半ズボン姿でランドセルを背負った小学生や、24歳年上のブリジット夫人が押すベビーカーの中の赤ちゃんとして描かれ、右派からは「何も知らない若僧」扱い。これに業《ごう》を煮やしたのか、初日からメディアを遠ざけ、多言を控え、国民と距離をとり、フランスの過去の権威を彷彿《ほうふつ》とさせるベルサイユ宮殿のような歴史的建造物をセレモニーや外交に多用したり、軍隊や警察に対する権限を誇示して、自らの威厳を高める作戦をとった。

就任後は、国民の反対を物ともせずに、瞬《またた》く間に大胆な改革を進めていった。解雇や雇用をやりやすくするように労働法改革を議会の採決を通さずに大統領の権限を利用した法令発布によって強行し、経済活性化を図《はか》って経営者にやる気を起こさせるためにと、それまで総資産に対して課されていた富裕税から金融資産を課税対象外とした。その決断力、リーダーシップの切れ味は抜群で、メディアは大統領をローマ神話の最高神である「ジュピター」ともてはやした。一方で既得権益を手放したがらない労働組合や福祉国家に慣れていた庶民の目には、しだいに「お金持ちを優遇する大統領」と映るようにもなっていった。

すでに始まっていた医療崩壊

大統領がサルペトリエール大学病院を訪問してから2日後。フランスでもクラスターが発見され、国内での感染拡大を抑制するステージ2に入った。

私が来仏した30年前、フランスの医療は無償で、おまけに素早く診察してくれるというありがたいものだった。それ故に2000年、WHOからフランスは「世界で最も優れた医療システムを持つ国」と評価された。大統領は、この評価を引き合いに出して**「フランスの医療は世界で最も優れている」**と言ったのだろうが、2020年、医療現場の状況はすっかり変わってしまっている。

病院の収支バランスを取るために10年間で80億ユーロ（9600億円）削減という大規模な財政制約が行われ、ベッド数は10年間で約7万床が削減、手術室も閉鎖されてきた。医療機器は劣化して数も少なく、薬品は常に不足気味、給料は据え置きになっているから誰も公立病院で働きたがらず慢性的に人手不足で、医師や看護師は患者をみる時間を削って事務をしなければいけない。フランスの医療崩壊はCOVID－19以前に始まっていたのだ。

2018年4月には、大統領がルーアン市の大学病院を訪れると、のっけから労働組合のヤジに迎えられた。そして「昇給もしないからみんなが辞めていってしまって、残った医療従事者はバーンアウトしてる（燃え尽きている）んですよ」と訴える看護師にイラッとした大統領は、**「そんなこと言っても魔法のようにお金がポンポン出てくるわけではないんですよ」**と言ってしまう。当の看護師はのちに「侮辱されたように感じました。お金がないって言うけど、大統領は富裕税（の一部）を廃止してお金持ちにはプレゼントしたじゃないですか！」とジャーナリストに語った。

ドブ板活動をして市議会選挙や国会議員選挙で戦い、時には敗れて苦渋を味わうという地道なコースを経験せず、難なく歩んできた大統領は、このような「侮蔑《ぶべつ》」と受け取られる言葉をポロッと言ってしまったりするミスを重ね、しだいに庶民の憎悪を一身に受けるようになった。２０１８年秋から毎週土曜定例の反政府運動「黄色いベスト」が始まり、２０１９年末からは公立病院の医療従事者が無期限ストライキを繰り返すように。だが、大統領はこれにも耳を貸さなかった。実は「世界一の医療システム」は息も絶え絶えだったというのに。

国民の現実的な生活に対する大統領のこうした無関心は火に油を注ぐ結果となり、「黄色いベスト運動」は激化、参加者に多くの負傷者が出る事態になった。

演説で6回も繰り返した「これは戦争です」

感染爆発寸前でも若者で賑わう公園

大統領の要請を受けて3月11日にＣＯＶＩＤ－19対応科学委員会が発足した。感染抑止に関する政府決定に対して科学的な観点からアドバイスをする独立機関で、感染症学者や集中治療医のほか、人類学者や社会学者など11人で構成されている。この科学委員会はイタリアの感染状況を受け、3月12日「外出禁止令なしでは医療崩壊する」と判断。その旨をマクロン大統領に伝えた。

同日夜、約2200万人の視聴者を前に大統領はエリゼ宮からテレビ放送で演説した。そして、**「今世紀で最も深刻な感染病」**と言い、保育園から大学までの閉鎖と100人以上の集会禁止を告げた。労働者にはできる限りテレワークを勧め、それ以外の職種は一時的休業措置にすると政府の対応を発表した。しかし週末に予定されていた市町村議会選挙は**「民主主義の維持のために避けられない」**と決行を告げ、国民を「学校閉鎖？　でも選挙には行くの？」と混乱に陥《おとしい》れた。実際には、野党からのプレッシャーがあってのことだったらしい。この日までのPCR検査による感染者数は2281人だった。

14日にはエドワール・フィリップ首相が、日常生活必需品を販売する店以外の店舗の閉店を命令、閉じられた空間での集会禁止を発表した。不要な外出を避けよという事実上の外出自粛令だった。累計感染者数は約4500人に増加。とうとう全国にウイルスが拡大するステージ3に突入した。一方で、15日には市町村議会選挙が予定通り決行されたが、当然ながら投票率は近年で最低の44・７％だった。

選挙当日は長かった冬がようやく終わったかと思われる晴天で、仕事の帰り、私はビュットショーモン公園の前を通りかかった。３日前は大統領演説で大感染が鼻の先まで迫っていることを知らされたばかり。にもかかわらず、公園内は人であふれ、若者たちは地べたに車座になって座り、ギターに合わせて歌ったりしているではないか……。複雑な思いで家に帰った。

命令ばかりのスピーチ

16日の20時、再び大統領はエリゼ宮から21分間のテレビ演説をした。前回より遥かに多い３５００万人の視聴があった。前日、外出自粛にもかかわらず公園でピクニックを楽しみ、セーヌ川でワインを飲んで浮かれ騒いでいたパリジャンたちの姿をＳＮＳで見た大統領は驚愕したらしい。演説内で「感染状況が深刻な事態になっていることを医療関係者が警告しているにもかかわらず、あたかも生活は何も変わらなかったかのように多くの人々が公園に集まり、市場や閉店命令を無視したレストランは人であふれかえりました。このような行動をとって規則を守らなかった人々に対して、今晩、私ははっきり言います。あなた方は自分を守らないだけではなく、他人を危険にさらしています」と国民の一部を非難した。

そして「これは戦争です」を6回もリフレインのように繰り返しながら、「これは健康衛生のためといえども、戦争です。私たちは軍隊に対して戦っているわけでも、他国に対して戦うわけでもありませんが、敵はそこにいます。見えず、捉えることができないものですが、ウイルスは私たちの方へ進軍してきます」と、また、「聖なる団結」「国民総動員」などという戦争をイメージする単語を連発し、翌日12時からの外出禁止令を発令した。実際、大統領はこの演説の中で、第一次世界大戦で敗戦の機運が色濃くなる中、首相に就任したジョルジュ・クレマンソー（1841－1929）が断固とした戦争継続を主張して行った演説の一部を引用している。

夫は演説を見て「なんだこのガキは」と毒づいていた。「戦争、戦争って、いったいどういうものかわかってんのかね」と……。第二次世界大戦を体験した人は今や少なくなってきているが、今もなおその爪痕が生々しく社会のあちこちに深く残っているアルジェリア独立戦争時代を生きた人々にとって、「戦争を知らない大統領」のこの演説は、実に腹立たしいものだったに違いない（アルジェリア独立戦争：1954年から1962年にかけて、当時の宗主国フランスとアルジェリアとの間で起きた戦争。フランス軍による拷問やレイプが横行し、泥沼化した)。

カメラをまっすぐ見つめて話す大統領は静かだった。決して「戦争だ！」と叫び、煽《あお》っているわけではなかった。「国民のみなさん、誰も、収入なしにはしません」という慈悲深いフレーズもあった。しかし、「私は次のような決定を下しました」「〜してください」「〜するべきです」「〜は禁止します」というフレーズが多く、私は「なんだか国民を子ども扱いしてるんじゃない？」と感じてしまった。感染に関する科学的な説明が非常に少ない割に上から降ってくる命令ばかりだったからだ。

これには、フランスの大統領は欧州のほかのどの国のリーダーよりも、自国内での決定権が強いため、専横的に映りやすいという政治的背景がある。国民議会は現職大統領への弾劾裁判権を持たず汚職をしても見逃され、非常事態宣言を行使する権限を持ち、戦争の場合は総司令官であり、核兵器の使用を決断する権限もある。今回も、大統領は数人の閣僚と相談しただけで市民団体や国会人権委員会、国民健康会議といった機関の意見を聴聞《ちょうもん》すらせず、素早く一人で決定を下していた。

3月25日、大統領はクラスターが発生した北東部ミュルーズ市の野戦病院に初めてマスクを着用して訪れた。「戦場の第一線で戦う白衣の英雄」に感謝し、「この戦いに国民全体が一丸となって身を投じ」と、相変わらず戦闘的レトリックを使用し、軍隊を感染者輸送などに動員する「レジリアンス作戦」を発表。疲れの見える引きつった表情だったが、幾分、高揚しているようにも見えた。理知的で文学や哲学に通じているインテリである半面、実は「軍隊総司令官」という役割がとても似合う大統領なのだ。ちなみに、大統領がCOVID－19対策に関する決定を下すのは原則、テロ・戦争対策を練る役割を負う「国防治安委員会」であり、そこで話し合われた内容は「軍事機密」として扱われている。

一方で、この時点ですでに病院ではマスクや予防衣、鎮痛剤、医療機器が大幅に不足。病院の遺体安置所では間に合わなくなり、冷凍トラックが入り口に据え置かれた病院もあった。患者選別が行われ、公設の要介護高齢者居住施設の職員の中には「老人のPCR検査は断られてしまう。重体でなければ鎮痛剤を与え、重体ならば対症療法をしなさいと言われました」と語った人もいる。そして、全死者数の44％が要介護高齢者居住施設の老人ということになってしまった。

怒鳴るドローン

翌日、私たち夫婦はブルターニュの島にある夫の親類の家に脱出しようと考えたが、高速鉄道TGVの切符販売サイトを見ていると、みるみるうちに運休になっていく。おまけに島には逃げ惑うパリジャンたちが殺到しているようで、島の市長からは「スーツケースに犬、自転車まで携《たずさ》えて私の島にバカンス気分で多くの人々が大都市から到着しているが、よく考えてもらいたい。医師は1人、小型スーパー1軒しかないこの島には、多くの人を迎えるキャパはないことを」と、怒りのメッセージがフェイスブック上で送られてきた。そうしたこともあり私たちは最終的に外出禁止令下のパリで計3カ月間暮らすことになった。

外出する際には「特別外出届」なるものをコピーし、生活必需品の購入や自宅から1キロメートル以内での個人で行うスポーツ、犬の散歩など、どれか理由を明記して持ち歩かなければいけなかった。私の場合は大きな交差点の近くに住んでいるので、警察が毎日アパートの前に立ちはだかっているのにも閉口した。届出を持っていなかったり、ジョギングしていてうっかり1キロメートルを超えてしまったりして警官と出くわせば135ユーロ（約1万6000円）の罰金である。

買い物に行くために歩いていると、ドローンが頭上を飛んでくることもあった。数人で集まっている人々などがいると「家へ帰りなさい！」と怒鳴りつけるのである。「自由の国フランス」は一晩にして全体主義国になってしまったかのようだった。

消えた備蓄マスク

ところで、1月に中国で大感染が起きていた時点から、当時の保健大臣は「備蓄マスクは十分にあります」と断言をしていた。しかし、外出禁止令が出た3月中旬以後も、一向にマスクは薬局に売られていなかった。政府は「マスクは感染者と医療関者以外には不必要です」と言い続けていたが、それが嘘であることは子どもでもわかる事態になってきていた。私は、日本人の友人から譲り受けたマスクをしていたが、同じアパートの住人にすがるような眼差《まなざ》しで「それ、どこで買ったの?」と聞かれたことを覚えている。

「十分あるはず」だったマスクは一体、どこに消えたのか? これについては5月18日にテレビ局ＢＦＭＴＶが放送したドキュメンタリーの中で大統領がインタビューに答えて、**「備蓄マスクがなかったわけではなく、医療関係者に十分に供給できるように備えておくために、一般国民への販売を規制したのです」**と苦しい弁解を試みた。その姿は「でも僕のせいじゃないもん」とムキになって言い張る子どものように痛々しかったが、7月にＣＯＶＩＤ－19への政府対応に関する調査委員会が国民議会と上院で開かれ、閣僚から官僚までが質問に答えてからようやく、次のような理由が明白になった。

フランスでは防災対策として少なくとも10億枚のマスクが政府によって国民用に備蓄されるように定められていて、２００９年から２０１０年にかけては新型インフルエンザ（H１N１）の流行に備えて大量のマスク（サージカルマスク10億枚、ＦＦＰ２マスク〈N95マスクと同等〉６億枚）も備蓄された。しかし、フランスでの感染は死亡者３２３人と少なく、当時の保健大臣は「無駄遣いをした」と非難の的になった。予防というのは「無駄遣い」になるかもしれないことを承知の上でするものであると思うのだが……。

その後、その16億枚の備蓄マスクはネズミにかじられたり期限切れとなってしまった挙句の果てに廃棄され、「予算がない」との理由で買い替えることもなされず、新型コロナウイルスのパンデミックに突入した。

フランスの医療関連産業はアジア諸国に依存しきっており完全に空洞化している。この期に及んで自国内で製造しようにも、それは不可能に近かった。ならば海外に発注するという手も考えられるが、各国間のマスク争奪戦は激しく、陸路で運送するトラックの運転者が恐喝されて盗まれたこともあった。

こうして備蓄マスクは、医療従事者用だけで１週間につき４０００万枚必要だったのにもかかわらず、実際には１億１７００万枚しか残っておらず、そのわずかなマスクを医療従事者に回すために、政府は国民に「感染者と医療従事者以外にマスクは必要ありません」と嘘をつき続けたのだ。

マスクもPCR検査キットも自国内で生産できない〝医療発展途上国〟であることを目の当たりにしたことは、「フランスの医療は世界一」を信じていた国民にとって大きなトラウマとなった。何しろ、人口8400万人のドイツはこの時点（7月23日）で死亡者数9110人だったのに対して、人口6500万人のフランスは3万72人の死亡者を出していたのだ。ドイツの集中治療ベッド数が約2万8000床だったのに対して、フランスには約5500床しかなかった。

これまでフランスは、国内総生産額ランキングでドイツが4位で自国が6位という差に対し、「でも、フランスの方が福祉は進んでいるもの」と、自分を慰めてきた感がある。しかし、今回ばかりはそんな根拠のない自尊心も粉々に砕けてしまった。フランスが「もはや大国ではない」ことは誰の目にも明らかになった。

「ほんとこの国もうダメね」

外出禁止令下では、第二次世界大戦中のフランス軍の無能ぶりを当時パリ大学の歴史学者であったマルク・ブロックが分析した著『奇妙な敗北』（1946）がベストセラーになったと聞いた。舞台となるのは第二次世界大戦時。1939年9月、ヒットラー率いるドイツはポーランドに侵攻、自らの絶対的な勝利を確信していたフランスはイギリスとともにドイツに宣戦布告した。しかし、独仏国境線での8カ月にわたる睨《にら》み合いの末、翌年6月、わずか1カ月の戦いでフランスは呆気《あっけ》なく敗北し、パリは陥落、1942年、ドイツに全土を占領された。

著者は、自分も従軍したこの戦の敗北を次のように分析している。

〈フランス軍は老人と石頭の優等生の集まりだった。（中略）世界はどんどん変化しているというのに、司令部は新しい状況に適応することができず、試合が始まるや否や予期せぬパンチを食らってよろめく脂肪太りの鈍重なボクサーのように自らの負けを受け入れた〉

（『奇妙な敗北』　著／マルク・ブロック　拙訳）

行き過ぎた軍隊官僚制、部隊間の連絡不備、司令部の無能ぶり、そして装備の欠如。今回のコロナ禍に対するフランス政府の対応も同じではないか？「ほんとこの国もうダメね」。

そんな自嘲《じちょう》的な声がよく聞かれるようになり、その矛先は当然〝戦争司令官〟である大統領にも向けられた。

政府の対応が国民にとって納得がいくものではなかったことは、外出禁止令が最初に解除された際の統計に表れている。「どのリーダーが国民のために行動していると感じますか?」という質問に対して1位に挙げられたのは、ドイツのメルケル首相で39%、マクロン大統領は2位で14%。「これからの10年で国際面での競争に勝つための準備ができている国は?」という質問は、ドイツが32%、中国が13%でフランスはわずか7%だった。

初めて国民への共感を示した出来事

「みなさんにブラボー!」

国民の政府に対する信頼はガタ落ちになった。特に備蓄マスク不足に火がつき国民の不信感が強まり、4月初めには81%の国民が、政府は「何かを隠している」と考えていた。

そんな中で4月8日、大統領は貧困者数が全国で最も多い地域、パリ近郊のセーヌ・サン・ドニ県パンタン市にある医療センターを訪れた。住民には移民層出身のエッセンシャルワーカーが多く、住居内の人口密度が高いためか、２０２０年の3月1日から4月末までの同県の死者数は昨年の同時期の１３０％増しになっていた。普段ならば「大統領が訪問するには危険」とも言われかねない地域だったが、大統領は内科医、看護師、助産師が常勤する医療センターを訪問することにした。

大統領：「仕事はどんな感じですか」
看護師：（淡々とした声で）「いつもより遅く終わりますが大丈夫です」
大統領：「いつもより遅いって、何時頃？」
看護師：「毎晩、22時、22時半までかしら」
大統領：「では、お疲れでしょう……」
看護師：「まあ、仕事ですから」
大統領：（長い沈黙の後に気を取り直して）「で、マスクとかは足りていますか？」
看護師：「マスクを入手するために薬局を10軒ほど回ったのですが、それでもなかったので、
今は、地区の住人が手作りしてくれたものや寄付してくれたものを使っています。
この帽子も縫ってもらったんですよ」

大統領：「ご自分でなんとかするということですね。では予防衣はどうしてます？」
看護師：「使い捨て予防衣を何枚か以前の職場からもらってきました」
大統領：「それで十分、足りているんですね？」
看護師：「いや、足りてませんけど……。まあ、どうにかやってます」
大統領：「どうにかって、具体的にはどうなさっているのですか？」
看護師：（困惑した表情で）「毎晩自分で洗って乾かして、翌日、同じものを使っています。使い捨て用のものなのでもうボロボロになっちゃったんですけど」
大統領：（しばらく言葉を失った後）「予防衣もないのか……。ストックは計画されていたのですが、こういう大感染が訪れるとは予想されていなくてこういう事態になってしまいました。仕事がきつい上に、予防物資まで探して回らなければならないあなたたちの負担を今後は軽減しなくてはいけませんね。本当にありがとうございます。感謝しています」

その後、大統領が通りに出ると、外出禁止令下というのにスマホを手に群衆が走ってきてたちまち人だかりができた。阻止しようとする警備員を押し除《の》けて、口々に「年金上げろ」

「辞職しろ！」「マスクくださーい！」「もう、何も買えない状態なんです、苦しんでいるんです！　大統領、何かお言葉を！」と叫ぶ人もあり、収拾はどんどんつかなくなっていた。

ただ大統領は車の中に逃げ込むこともできたはずだが、今回は自ら群衆に近づいて、「みなさん、そんなにくっつかないで！　距離をとってください。危険ですよ」となだめ始めた（そういう自分もマスクをしていないし、ソーシャルディスタンスも無視していたが）。低賃金者用団地の建物のベランダから拍手をする人々には手を振って「一緒に頑張りましょう。もうすぐ外出禁止も終わりですよ。家にいてくださいね、みなさんにブラボー！」と声をかけ、久しぶりに受けた拍手に感動した様子。これまで「最高神ジュピター」と言われて高みから地上を見下ろしていた大統領が、ほんの数分だけ地上のリアルな生活と一瞬触れ合った時だった。支持率が下がっていた時期なだけに嬉しかったに違いない。

4月10日にはフランスの時事系週刊誌ル・ポワンのジャーナリストをエリゼ宮に迎え、インタビューに答えた。「すでに何度かあったように、何かを私が確信して実行しても、国民とそれを分かち合えなければ失敗だ」と、過去に専横的に行った政策や決断に反省の色を見せながら、「コロナ危機は私がこれまで確信してきた信念を揺り動かした。今や新しい政治に転換することが必要」「私にとってまず重要なのは国民の健康と社会の安定」と、これまでの経済成長一点張りの政治路線から距離をとりつつあることを明らかにした。

しかし、「国民の不満はわかるけれども、私たちの政府がやったことに対してメディアも誰も評価をしてくれない。大量失業を食い止め、雇用と競争力を維持するために、一時的休業措置になったすべての国民の休業手当（平均給与の85％相当）を国は自ら払った。こんなこと歴史上で初めてなのですが……」と、国民から評価されないことに一抹の寂しさを感じている様子を見せるなど、いつもと違った弱気な面も露《あら》わにしたらしい。この日、大統領は黒い革のソファーの中に埋《う》もれていつもにはない疲れた様子ながらも、身体を乗り出して「私が責任を持つ」と何度も繰り返し、また「国家」という言葉を発音する時には、馬の手綱を握るように拳を握り、まだ残る意志の強さを垣間見せたという。

やっと見せた謙虚な姿勢

4月13日、大統領はエリゼ宮からテレビ演説を行い、5月11日から段階的に外出禁止を解禁するなど今後の対応について発表した。コロナ危機に入って4回目の演説だ。

特筆すべきは、これまでになく最初から国民に慈しみの声をかけたことだ。数日前に全国で一番感染者が多い地域を訪れ、心を動かされたのだろうか。「親しい人を亡くして喪に服す人、悲しみにくれる人もいるでしょう。小さな住居に数人で閉じ込められて暮らす人々、ネット環境が悪かったり、パソコンがなくて勉強についていけなかったり、遊んだり、友だちとコミュニケーションがとれなかったりした子どもたち、DVにさらされている人々、家族との面会がなくなって孤独に苦しむ御老人には特に、つらい時期でしょう」と、国民一人ひとりに話しかけるように始めた。

反省の言葉も忘れなかった。「正直に言いましょう。政府の感染症に対する準備は不完全でした……私自身、失敗した政策、遅すぎた対応、無意味な手続き、ロジスティックスの弱い部分に気付きました。私の責任でした」と話し、今後は医療関連産業を国産に転換すると発表。任期半ばまでの経済成長ゴリ押し政策から福祉重視へ移る政治路線の転換を国民の前で表明した。

「この感染症は、私たちが弱く儚《はかな》い存在に過ぎないことを教えてくれます。すぐに、COVID－19以前の生活に戻ろうとするのはやめ、今こそこれまでのありきたりの考え方やイデオロギーから外れてみて新しい考え方を見つけましょう。まず私からしてそうすべきです。この危機は一つのチャンスです。再び強く連帯し、私たちの人間性を証明し、力を合わせて、新たな計画を立てるチャンスです。みんなが一緒に生きる理由になり得る計画を立てましょう。……国民のみなさん、また、幸せな日々がくるでしょう。私はそう信じます。私たちの連帯、信頼、意志といった今日まで私たちが頑張ってくることを可能にした力で、ともに未来を築きましょう」と、これまでになかった国民に寄り添う姿勢を明らかにした。

私はどちらかというと反マクロン派で、「黄色いベスト」運動にも一時は参加したが、今回ばかりは、実を言えば一瞬ホロっとした。「いやいや、こんな美言にダマされるものか」と思いながらも、何か伝わってくるものがあったのだ。大統領は、高校の演劇部の顧問教師だったブリジット夫人から演説の特訓を受けているので、もちろん今回も単なる演技に過ぎない可能性はもちろんある。しかし、通常は原稿を用意しているのに反して、今回はかなり自然に話していた部分が多かったと報道されており、極左、極右を含めた62%の国民が「説得力があった」と評価している。

3670万人の視聴があったこの演説は、メディアでも高評価を受けた。ドイツのディ・ヴェルト紙は「これまで謙虚さから程遠かったマクロン大統領だが、COVID‐19を経験してこの貴重な美徳を学んだようだ」との旨を記し、また、スイスのル・タン紙は「これまでマクロン大統領は戦闘的で勇まし過ぎていたが、今回の演説は静かに説明するものだった。今後は国民と新たな信頼関係を築こうとしているのだろう」と評価した。

たび重なる失策で堪忍袋の緒が切れた

国内の失敗に目を背けて外交に専念

7月6日、「新しい道を開拓」するためと称して、ジャン・カステックス氏を新首相に起用した新内閣が発表された。フィリップ前首相が大統領よりも支持率が高かったからとするメディアもあるが、それは憶測に過ぎない。

フランスでは大統領は政治路線の決断を下し、首相をはじめとする内閣はその実施を組織する。ところが、この〝ハイパー大統領〟はナポレオンと同じく睡眠時間が極度に少なく過活動気味なため、夜中の2時や3時にもショートメッセージを閣僚たちに送りつけて指示を与えていたというから、彼らの方も疲労の限界だったのではないだろうか。

7月14日、革命記念日。例年通り各国のリーダーを招待した軍隊パレードが行われたが、今年は医療関係者も行進に加わった。パレードが終わると、大統領は男女2人のジャーナリストを前に1時間の特別インタビューに応え、COVID‐19以前、時には高飛車だった自分の態度に対する反省をあっさり表明。「マスクは感染者以外には必要なし」から一転し、

8月1日からはマスク着用を閉じられた場所では義務にすると発表した。さらに国民全員がPCR検査を医師の診断書なしで無償で受けられるシステムの構築も約束し、「第二波への備えは完全にできている」と断言。「COVID‐19は政治を変える最高のチャンス」「今後はエコロジーに力を入れながら産業大国になろう」と、一貫してポジティブな姿勢をアピールした。

7月17日。COVID‐19で大きな打撃を受けたイタリア、スペインを援助することを目的にしたCOVID‐19 EU復興基金案について話し合うために特別欧州理事会会合（EU首脳会議）がブリュッセルで開催され、加盟国27カ国間での交渉が開始された。

元となる案は、5月半ばに大統領とドイツのメルケル首相の間で考案され、合意された。当初、メルケル首相は支援融資を受けた国が自力で返済という姿勢だったが、マクロン大統領の「いや、EU全体で返済する共同債務にしましょう」という意見に譲歩。EUが市場から資金調達し、EU予算から返済という案になった。

しかし、オランダ、オーストリア、デンマーク、スウェーデンの「倹約4国」が共同債務に反対。交渉は難航した。「なんで私らが他国のために財布の紐を緩めなければならないの？」「支援を受ける国が財政規律を怠《おこた》るような事態を招くのでは？」と反対したのだ。

これにイラついたマクロン大統領。「私たちドイツとフランスはEU復興のために戦おうとしているのに、あなた方はまったく譲歩をしようとしない。自己中心的じゃないですか！」と言いながらテーブルを拳で叩いて怒りを露わにし、ついには「こんな中途半端な合意をするくらいなら帰国するから飛行機用意して！」と、脅迫《きょうはく》まがいの啖呵《たんか》を切ったと、欧州中のメディアで報道された。特に「倹約4国」のリーダー格だったオランダ首相には「離脱したキャメロン英国元首相みたいじゃないですか！」とキツく当たり、オーストリア首相には会食中に電話を受けて席を立ったことを衆目の中で声を荒らげて咎《とが》め、のちに「マクロン大統領に侮辱された……」と言わしめたとか。

こうしたトラブルがありつつも、史上最長の総計90時間超、5日間にも及んだ交渉は7500億ユーロ（約90兆円）規模の復興基金案の合意にいたることができた。

「連盟すれど迎合せず」という自主外交の姿勢は、フランス外交の伝統だ。EU首脳会議で自国の姿勢をはっきり提示した大統領のブチ切れは、国内では「マクロン、なかなかやるね！」と国民を大いに喜ばせた。しかし、夏の間、COVID－19対策発表を首相と閣僚に一任し、得意の外交に専念していた大統領に、野党は「国内でのCOVID－19対策失敗を隠すために外交している」と言い、メディアは「国際舞台でフランスの存在感をアピールすることは、一億総うつ病状態の国民の活力を高めることに繋がるのかもしれない」と、皮肉った。

大目玉を食らった保健大臣

9月に入ると、大統領が懸けていたウイルス接触確認アプリ「StopCovid」の失敗が、誰の目にも明らかになってしまった。政府に月12万ユーロ（約1400万円）の負担になるというのに、StopCovid の登録者数は240万人、3・6％の国民によってダウンロードされたのみで（2020年9月時点）、6月から9月の間で陽性者との接触通知は252回しかされなかったというから、これではまったく意味をなしていない。

同時に、大量PCR検査対策の失敗も明白になった。国民は夏休みの間、「もうすぐ週100万回のテストが無償かつ医師の診断書なしでできますよ」と耳にタコができるほど聞かされてきた。しかし9月初頭、検査を受けようとすれば、早朝から4～5時間並ばなければならなかった。その上、結果が出るのが1週間から10日後というお粗末ぶり。検査はできても、検査技師も検査機も足りなかったのだ。そんなことが重なり、第二波がやってくるのはもはや時間の問題となってしまった。

そして、9月11日。COVID－19科学委員会は大統領に国民の外出を規制することを勧告するが、ウィズ・コロナを信じたい大統領は「これ以上国民を苦しませたくない」と退《しりぞ》け、それに次いで行われたCOVID－19国防委員会では、不機嫌丸出し。『無償で週100万回のPCR検査』って綺麗事並べて、結果が出るのは1週間後って一体なんなんだ！」と、再びテーブルを拳骨《げんこつ》で叩き、保健大臣がボルドーやマルセイユなど第二波が訪れつつある数都市にレストラン、バー閉鎖を命じる案を提出した時には、「大量PCR検査対策で失敗しておいて、国民にそのツケを払わせるわけにはいかないでしょ？　もっとマシな答案を書いて出直して来い！」と、デキの悪い生徒を叱りつけるように酷く高飛車に言い放つ始末だった。メディアでは「保健大臣、大統領から大目玉を食らう」と報道された。

それでも9月26日、マルセイユをはじめとする数都市で21時以降の夜間外出禁止令が下された。各都市はこれに反対を表明。マルセイユ市長からして「政府はマルセイユ市に何の相談もなく夜間外出禁止を決定しました。（中略）市民から唯一の憩《いこ》いの場であるバーやレストランを取り上げるのは反対です。若者たちにあたかも彼らのせいでCOVID－19が広がっているように言うんですか?」とツイッターに投稿した。市長補佐で市民からの信頼も厚いサミア・ガリ氏も「政府に対する反対運動を支持する」と公言し、「マルセイユでは夜間営業を続ける店があっても警察に罰金徴収させませんよ」とまで言った。

また、政府が従業員の一時的休業措置手当を支払うなどの優遇措置はあるとしても、レストランの店主の怒りは収まりそうもない。9月25日に放送されたテレビ局フランス2の「Vous avez la parole」という政治番組では、新内閣メンバーと数人の国民をスタジオ内で直接話し合わせたが、この時、マルセイユのレストラン店主が、「どうして首都パリのお役人たちがマルセイユのことを勝手に決めるのですか？　パリ＝フランスではないんですよ。それにどうして21時なんですか？　21時ぴったりになったらウイルスが動き始めるわけではないでしょう。科学的ではないですよ」と、首相に怒りをぶつけた。

確かにフランスは極度に中央集権型の国で、政府が一方的に地方に対して直下型の命令を下すことが多い。私は外出禁止令の後半部を北東部ブルターニュ地方で過ごしてみて、初めて地方に住む人々の不満がよくわかるようになった。

知人は、天気の良い日に誰もいない川のほとりで一人、読書をしていただけで「外出禁止令に反する」として罰金を科されたと言っていた。確かに、各地方で感染状況が違う中、みんなに同じ行動制約を課すことはナンセンスではないだろうか？

このような不満が高まって地方都市では政府に対する反対運動に、今にも火がつきそうな勢いである。

ジュピター、戦争司令官の次は国父に

冷静に連帯を呼びかける大統領

10月14日、COVID－19対応科学委員会、健康大臣、医療関係者からの強い要請を受け、とうとう大統領も9都市で21時から翌朝6時までの夜間外出禁止令を出すことに賛成せざるを得なくなった。新規感染者数は毎日2万1000人を超え、32％の集中治療用ベッドがCOVID－19患者によって占められるようになったからだ。今回も7月同様に、演説ではなく45分にわたってエリゼ宮で男女2人のジャーナリストからの質問に答える形を選択した。

夜間外出禁止令に対する不満が高まり、政府に対する反対運動が起こるのを恐れている大統領は、今回は授業のように、数字を出して具体的かつ、正確に状況を説明した。そして「コロナウイルスは最も貧しく、不安定な生活をする人々を襲う」という残酷な実情に言及し、最後は「でも、私は今後に対する希望を持っています。おそらく、これまで私たちは自由な個人の集団である社会に慣れきってしまったのかもしれませんが、今後は連帯する市民

の集まる国をつくりましょう。それぞれが社会の中である役割を演じていってこそ、一緒に、この危機を乗り越えることができるのです。私は、国民のみなさんの一人ひとりを必要としています。より包摂的でエコロジックな、そして医療関係産業を自国内に取り戻す社会に移行するために」と締めくくった。

発覚前日に隠れディナー

しかし第二波は容赦無くヨーロッパを直撃し、フランスでは10月30日から2回目の外出禁止令が敷かれた。11月第1週目は日に4万人の新規感染者が出る欧州一の感染国になったが、5週間後に事態はようやく収まり始め、12月10日、政府は外出禁止令を一部解除した。

12月15日現在、日常生活必需品を販売する店以外の店舗も開店を許可されるようになったが、バーやレストラン、映画館や劇場は相変わらず閉まったままだ。クリスマスイブには6人以下という条件つきで各家庭で会食することが許可されたが、それ以外は大晦日の夜も含めて、20時から翌朝6時までの夜間外出は依然として禁止されている。

コロナ禍を経て大統領の髪はうっすらと白くなったが、幾分、中身も変わったのではないかと思う。

就任直後は、最高神ジュピターとして人々を魅了せずにはいられないキラキラした存在であった半面、失業者に「仕事なんて道を渡ればゴロゴロ転がってるじゃないか！」と言い捨てるような尊大な面も併せ持った、ある意味で国民との間に「程よい距離」を見つけることができない大統領だったが、コロナ戦争に敗北して初めて、恵まれない人々にも共感を示し、国を庇護する「国父」に変貌した。いや、少なくともそうアピールし、実際に公立病院改革を7月に行い、今後、年に8億2000万ユーロ（約984億円）の財源供給を約束することに踏み切った。

同時に、大統領は支持者からは「柔軟」、反対派からは「オポルチュニスト（日和見主義者）」とも評されるお人柄。ワクチンが普及ししだい、「国の援助に頼るのはいい加減にして、さあ血が出るまで働いてガンガン稼げ！」と発破をかけられるのではないだろうかという疑念もなきにしもあらず。フランスの2020年末の景気後退率は11％、失業率は10％に上ると予想されており、イタリア、スペインに次いで、経済的ダメージを受けたヨーロッパの国の一つだからだ。

しかし、多くの国民は、少なくとも私の周りの人々は、経済成長いかんよりも、まず、みんなが人間としての尊厳を保ちながら暮らすことができる「福祉大国」としての誇りを取り戻すことを望んでいるように思える。

ところで、12月17日マクロン大統領が新型コロナウイルスに感染したとのニュースが駆け巡った。翌日、ツイッターで「疲労感、頭痛、咳といった症状がありますが元気にしています。毎日、私の症状について皆さんにお知らせします」とメッセージを流した。

10日と11日にブリュッセルで行われた欧州理事会で感染したのではないか？　と報道されているが、同時に、ル・ポワン誌は前日、16日に大統領官邸エリゼ宮で夜中0時半まで海の幸の盛り合わせを囲んで、与党の重鎮10人あまりを集めたディナーが開かれていたとすっぱ抜いた。参加者の1人は、「テーブルは15メートルほどある長いもので、座席の間隔は3メートルほどにとり、それぞれの前にマイクがあり、食べる時以外はマスクをしていた」と語ったそうだが、参加者、つまり政府のトップがこれから次々に自主隔離に入ってしまうこの国は、今後、どうやって機能するのか首をかしげたくなる。

大統領には早い回復を願うものの、政府は原則20時以降の外出禁止、会食は6人までと、私たち国民に要請したばかりではないか？　折しもバーやレストラン、カフェなど総計20万店は10月末から続く2カ月目の閉鎖に突入しており、そのうち20%は倒産との予想もされている。この「隠れディナー」に対して、国民からは、「ショッキング！」「国民を馬鹿にしているのか？」「図々しいったらありゃしない」といったコメントが絶えない。

神様気分からなかなか抜け出すことができない大統領だが、これを機に人間界に下り、自分も一市民であることをしっかり自覚し、私たちと同じルールを守り、国民が望む「福祉大国」へとフランスの舵を切るように力を尽くしてもらいたい。

第3章

コロナ禍で光る賢母の貫禄

提供：AA／時事通信フォト

ドイツ
アンゲラ・メルケル首相
（首相在任期間：2005年11月〜）

文／田口理穂

◆**田口理穂**（たぐち りほ）

日本で新聞記者を経て、1996年よりドイツ在住。信州大学、ハノーファー大学卒（社会学修士）。ジャーナリスト、ドイツ法廷通訳・翻訳士。ドイツの環境政策や政治、教育など幅広く執筆。学術視察のコーディネートや通訳も行う。著書に『なぜドイツではエネルギーシフトが進むのか』（学芸出版社）、『市民がつくった電力会社 ドイツ・シェーナウの草の根エネルギー革命』（大月書店）、共著『「お手本の国」のウソ』『ニッポンの評判』（以上、新潮新書）。

【ドイツ基本データ】（2020年12月15日時点）

- 人口：**8390万6168人**
- 累計感染者数：**136万261人**
（人口100万人当たり：**1万6212人**）
- 累計死亡者数：**2万2988人**
（人口100万人当たり：**274人**）
- 人口100万人当たりの累計検査数：**36万3430件**
（1人が複数回検査した数も含む）

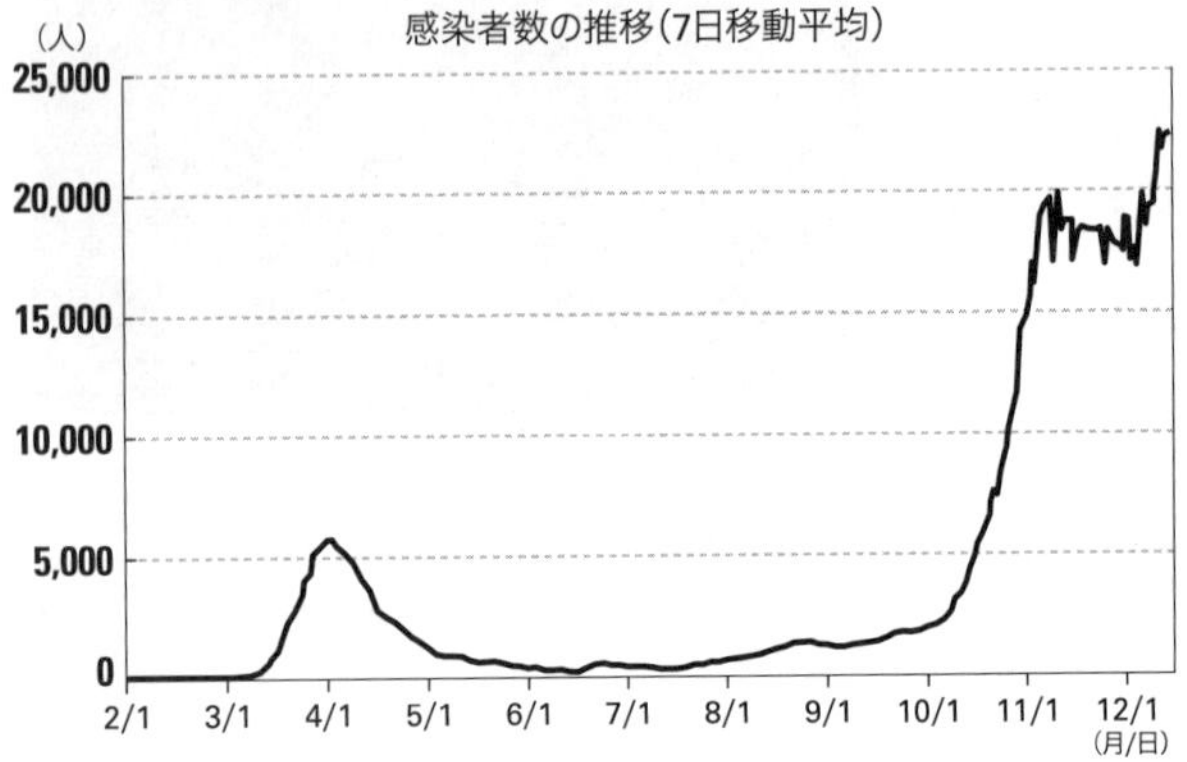

出所）Worldometer　https://www.worldometers.info/coronavirus/#countries
Dong E, Du H, Gardner L. An interactive web-based dashboard to track COVID-19 in real time. Lancet Inf Dis. 20（5）: 533-534. doi: 10.1016/S1473-3099（20）30120-1を基にグラフを作成

状況が変われば方向転換もいとわない柔軟さ

突然始まったロックダウン

ドイツで新型コロナウイルスの感染者が初めて確認されたのは1月27日のことだった。その会社員はドイツに出張で来た中国人から感染したとみられ、社内でも複数の感染が見つかった。また2月2日には武漢からチャーター機で帰国した人の中から感染が確認され、その後もイタリア帰りの人など、感染者はじわじわ増えて2月末の累計感染者は79人に。3月に入ると感染者は倍々ゲームのように増え続け、3月10日時点で感染者が1457人、初めて死者も出た。

私は3月に視察や見本市での通訳の仕事が3本ほど入っていた。2月末には楽観していたが、そのうち仕事仲間から「視察がキャンセルになった」「日本出張を取りやめた」と聞くようになり、まさかと思ったのもつかの間、結局私の仕事もすべてキャンセルとなった。一つは病院視察だったから今思えば中止は当然だったが、まさか3月から年末まですべての視察や通訳の仕事が中止になるとは当時は思いもよらなかった。こうしてあれよあれよという間にコロナ禍に巻き込まれていった。

急に時間ができたので、3月16日の夕方、息子と街に出ることにした。7年生（日本でいうと中学1年生）の息子はこの日から新型コロナウイルス蔓延を受け、学校が休校に。午前中は友だちとバスケットボールをし、午後はうちでゴロゴロしていたものの、やることが尽きたのか退屈そうにしていた。

久しぶりにデパートをぶらぶらして、ラーメン屋に入った。日本人が経営するそのラーメン屋は年明けからオープンしていて、そのうち食べに行こうと思いながらそれまで機会がなく、待ちわびたラーメンは汁が手作りで製麺もしており、ドイツ料理に辟易《へきえき》している胃には優しく沁《し》みた。その後は映画館に行こうかと思ったが、すでに時刻は20時を回っており、上映しているのは12歳の息子には合わない大人向けの映画ばかり。「まあいいか。別の機会にしよう」と思い、うちに戻った。

翌日から映画館に行けない生活が始まるとは予想だにしていなかった。レストランは夜間営業禁止となり、翌々日からは全面禁止に。図書館や博物館も閉館となり、一般の小売店も営業禁止、遊具のある公園にはテープが貼られて立ち入り禁止となった。ラーメン屋に行けたのはまさにギリギリセーフで、ついには他人との間隔を１・５メートルとることも義務付けられた。

急な封鎖の陰にメルケル首相の柔軟さ

こうして数日のうちに、ガラッと変わった生活。思わぬ展開に私を含めドイツに住む人は戸惑うばかりだった。そんな時だ。３月18日、アンゲラ・メルケル首相がテレビ演説を行った。この日までの累計感染者数は１万２３２７人、死者は28人を数えていた。

「新型コロナウイルスによりこの国の私たちの生活は今、急激な変化にさらされています。日常性、社会生活、他者との共存についての私たちの常識が、これまでにない形で試練を受けています。（中略）

本日は、現下の状況における首相としての、また政府全体としての基本的な考えをお伝えするため、このように通常とは異なる形でみなさんにお話をすることになりました。開かれた民主主義のもとでは、政治において下される決定の透明性を確保し、説明を尽くすことが必要です。私たちの取り組みについて、できるだけ説得力ある形でその根拠を説明し、発信し、理解してもらえるようにするのです。

本当にすべての市民のみなさんが、ご自身の課題と捉えてくだされば、この課題は必ずや克服できると私は固く信じています。（中略）

あらゆる取り組みの唯一の指針となるのは、ウイルスの感染拡大速度を遅くする、数カ月引き延ばす、そして時間を稼ぐということです。時間を稼ぎ、研究者に治療薬とワクチンを開発してもらうのです。同時に、発症した人ができるだけよい医療を受けられるようにするための時間稼ぎでもあります。（中略）

これは、単なる抽象的な統計数値で済む話ではありません。ある人の父親であったり、祖父、母親、祖母、あるいはパートナーであったりする、実際の人間が関わってくる話なのです。そして私たちの社会は、一つひとつの命、一人ひとりの人間が重みを持つ共同体なのです」

会見中、メルケル首相は落ち着いた様子で身振り手振りも最小限だった。ただ、テレビ越しに私たちを見つめる真摯《しんし》な瞳《ひとみ》は、事の重大さを雄弁に語っていた。感染対策はロベルト・コッホ研究所など、専門家たちとの協議に基づいていると明らかにした。

2月末の報道によるとメルケル首相はすでにコロナについて毎日報告を受け、**「今晩は誰とも握手しない」**と話すなど、すでにウイルスの危険性については理解していた。しかし対策はその規模と程度に即したものにすべきとの考えで、すべての催しをキャンセルする必要はないとみなしていた。それが3月に入って状況が深刻化してくると、メルケル首相の対応もガラッと一転して、都市封鎖に踏み切ることとなった。

メルケル首相のこうした対応は、その場その場で意見を変えて世渡りしていると批判されたこともある。しかしそれは柔軟性とも取れるのではないか。意見が定まっていないように見えながら、他者への思いやりと、学術を基礎とした冷静さは一貫している。自分の信条を持ち、政治的野心からそれを曲げたりはしない。２０１１年の東京電力の福島第一原子力発電所の事故を受け、早期の脱原発を決めた時もそうだ。物理学者であるメルケルは原発の危険性は認識していたものの、それでも大きな事故は起こらないだろうと考えていたが、ハイテク日本で事故が起こり、認識を１８０度改めた。政治的損得の計算なしに臨機応変に決定するところがメルケル首相の強みである。

「誰もが助け合わなければなりません」

3月18日の演説では、医療関係者への配慮も忘れず、丁寧に言葉を尽くしてお礼を述べた。もちろんドイツに住む人全員への配慮もあった。

「この機会に何よりもまず、医師、看護師、あるいはその他の役割を担い、医療機関をはじめ我が国の医療体制で活動してくださっているみなさんに呼びかけたいと思います。みなさんは、この戦いの最前線に立ち、誰よりも先に患者さんと向き合い、感染がいかに重症化しうるかも目の当たりにされています。そして来る日も来る日もご自身の仕事を引き受け、人々のために働いておられます。みなさんが果たされる貢献はとてつもなく大きなものであり、その働きに心より御礼を申し上げます。(中略)

日常生活における制約が、今すでにいかに厳しいものであるかは私も承知しています。イベント、見本市、コンサートがキャンセルされ、学校も、大学も、幼稚園も閉鎖され、遊び場で遊ぶこともできなくなりました。(中略)

こうした制約は、渡航や移動の自由が苦難の末に勝ち取られた権利であるという経験をしてきた私のような人間にとり、絶対的な必要性がなければ正当化し得ないものなのです。民主主義においては、決して安易に決めてはならず、決めるのであればあくまでも一時的なものに留めるべきです。しかし今は、命を救うためには避けられないことなのです」

上から目線でなく、私たちと同じ目線で語られる首相からのお願い。演説を聞いて、「しようがない、現状を受け入れよう」と思った人は私の周りにも多かった。

ところで、どうしてメルケル首相は、**「渡航や移動の自由が苦難の末に勝ち取られた権利であるという経験をしてきた私のような人間にとり」**と言ったのか。それは東ドイツ育ちであることが関係しているだろう。メルケル首相は西ドイツのハンブルクに生まれたが、牧師である父親の赴任にともない、生後数カ月で東に移った。東ドイツでは言論や旅行、職業選択の自由が制限されていた。もともと物理学が専門で、東ベルリンの科学アカデミーに研究者として働きながら自然科学の博士号を取得した１９８６年、メルケルは初めて西ドイツを旅行した。当時は特権階級にだけ許されたぜいたくだった。その時に東と西の違いを胸に刻んだのだろう。

演説の中では**「民主主義」**という言葉が何度も出てきた。ドイツでは国民の権利を妨げるのは基本的人権の侵害と考える。だから買い物できない、公園で遊べない、学校に行けない、働けないということは国民の権利を侵すことであるため、慎重なのである。「我が国は民主主義国家です。私たちの活力の源《みなもと》は強制ではなく、知識の共有と参加です」というメルケル首相の言葉は国民に強く響いたに違いない。

ほかにも、演説で印象的だったのは、メルケル首相が一人ひとりに、コロナ禍を自分のことと捉え、連帯し、思いやりを持つことを繰り返し求めたことである。

首相は2015年に難民が押し寄せた時も、難民の全員受け入れを宣言した際、演説で国民に難民を救うことに共感してもらい、当時者意識を持つように促している。結果、100万人近い難民の受け入れは、経済的負担が大きいなどの批判もあったものの、市民は寄付をしたり、ボランティアで語学を教えたり、日常生活の支援をするなど、多くが難民を歓迎するようになった。

今回の演説にも、その姿勢は前面に出ていた。

「誰もが助け合わなければなりません」

「全員が当事者であり、私たち全員の努力が必要なのです」

「まさに、一人ひとりの取り組みにかかっているのです」

「現在直面しているのはまさに歴史的課題であり、結束して初めて乗り越えていけるのです」

「制約を受け入れ、互いに助けあうのです」

「思いやりと理性を持って行動し、命を救っていくことを示していかなければなりません。例外なくすべての人、私たち一人ひとりが試されているのです」


一つひとつの言葉が、体から滲《にじ》み出てくるようだった。「命を救うため」という真剣さが伝わる内容で、結びに「みなさんご自身と大切な人の健康に気をつけてください」とわずかに微笑みながら話す姿には、首相としてではなく一人の人間として隣人にそっと話しかけるような心遣いも感じさせた。それは、私の友人も「家族や自分のこととして捉えるようになった」と話すほどで、12分あまりの演説は、国民の不安を払拭《ふっしょく》するのに十分だった。この演説の後、多くの国民はロックダウンをともなうコロナ対策について理解を示すようになった。

態度で示した「ルールを守ることは命を守ること」

のんびりしていた封鎖生活

アンゲラ・メルケル首相は１９５４年生まれで、現在66歳である。キリスト教民主同盟に所属し、２００５年11月から首相を務めている。東ドイツ出身で、離婚歴があり、首相就任は歴代最年少（51歳）かつ初の女性首相と異例続き。当時は、15年以上にもわたる長期政権になるとは誰も予想していなかった。

ドイツ人は法を重視する。人口約８４００万人のドイツは、16の州からなり、州の自治権が強い。外交や軍事は国の管轄だが、他の分野は国が指針を示し、州がそれぞれの実情に合わせて実施する。コロナ蔓延を受け、メルケル首相はテレビ会議で州知事たちと頻繁に相談しながら、対策を決めていった。例えば他人との接触について決めた「接触制限措置」では、小売店の営業停止期間や催し物への参加人数など具体的実施策は州によって微妙にばらつきがある。私の住む北ドイツのニーダーザクセン州を例に紹介しよう。

3月初め、スーパーではすでにトイレットペーパーの買い占めが始まり、それは3月18日の演説で、「買い置きが有意義であるのは、何も今に始まったことではありません。しかしそれは、節度を守ってこそ、です。商品が二度と手に入らないかのごとく買い占めに走るのは無意味であり、結局、他者への配慮に欠ける行為となります」とメルケル首相が話すほど、全国的にも問題となっていた。街中には「うちにいることが、命を救うこと」という政府によるポスターが貼られ、外に出かけることで感染者が増えると医療がパンクすると繰り返された。

3月16日からは学校、幼稚園も閉鎖となった。その数日前に閉鎖が発表された時は、みんな驚いていたが、4月半ばの復活祭前後が2週間ほど春休みとなっていたため、当時は春休みが倍になったというぐらいの感覚であり、実際はのんびりしたものだった。遊具のある公園で遊ぶのは禁止となったが、芝生だけの公園や広場は自由に使え、散歩やジョギング、サイクリングも許されたので家族で散歩する人たちをよく見かけた。急にできた時間を、多くの人は楽しんでいるように見受けられた。

もちろん、共働きの家庭は大変だっただろう。幼稚園教諭の友人は週に1回の出勤となり、残りは在宅勤務となった。医療機関に勤務するなど仕事を休めない親の子どもだけは園に来ていいことになっていたが、園児105人のうち、当初は1人もしくは、せいぜい2人しか来なかったという。コロナがはっきりよくわからない状況で、子どもを預けたくない保護者が多かったらしい。幼稚園によってはまったく閉園となったところもあった。一方で、夫婦とも在宅勤務となり、予想以上に快適だという友人もいた。

14日間きっちり自宅隔離

3月23日と3月28日には、メルケル首相は自宅から国民に音声メッセージを寄せた。23日は、連邦政府と各州政府が接触制限ガイドライン拡大を合意したことに触れ、「厳しい時代を乗り切るための対策を打ち出します」と述べ、28日には次のように話した。

「申し上げたいのは、現在、ドイツ国内で誰もが守らなければならない接触制限措置を実行するのがいかに大変か、私自身よくわかっているということです。(中略)

私たちは新ガイドラインの合意で、みなさんの理性と思いやりに訴えました。そして今、ほとんどすべての人々が行動パターンを大きく変えたことを目の当たりにし、感染リスクがどこに潜んでいるかわからない中、多くの人々が回避可能な接触を控えているのを目の当たりにし、私はとにかく、ありがとう、心から深くありがとう、と申し上げたいのです。
ウイルスとの戦いでは、一人ひとりが当事者です。ルールを守ることによって誰もが、命を救えるのです。みなさんが協力してくれると信じることができる。このことに感謝したいと思います」

ロックダウンが始まってから1週間ほど。時間ができてのんびり過ごしていた人がいたとはいえ、急すぎる生活の制限に多くの市民は困惑していた。メルケル首相はそうした規則を守ることでシワ寄せを受けている人たちに向かって何度も感謝を述べた。

しかし、なぜ自宅からだったのか。それは3月20日、首相に肺炎球菌の予防接種をした医師のコロナ感染が、22日に発覚したためである。メルケル首相自身が自宅隔離となり、自宅から執務を行うことになっていた。つまり、自分が感染した可能性があるにもかかわらず、首相は自分のことには一切触れずに規則を守る国民に感謝を表していたのだ。のちに自身のコロナ感染については、複数回検査をしたがいずれも陰性で、医師と接触した3月20日から数えて2週間、隔離期間をきっちり守って4月3日に自宅隔離が終了した。

このようにメルケル首相は始終慎重であり、「ルールを守ることは命を守ること」と一貫している。自然科学への信頼も厚く、今回のコロナ禍においては、ロベルト・コッホ研究所など専門家の意見を尊重し、客観的データを鑑みて判断を下している。いったいそれはどこから来るのだろうか。

もともと頭脳明晰で物理学博士であるメルケル首相は、政治専門の他国の首相とは一風違っている。最初から政治家を目指していたわけではなく、政治活動をするようになったのはベルリンの壁崩壊後である。分析化学の研究をしている時にベルリンの壁が崩壊し、翌月東ドイツで結成された新政党「民主主義の出発」に入った。思いもよらなかった東西ドイツ統一が、国のあり方や将来を考えさせる大きな契機となったのだろう。東の小さな政党が大政党であるキリスト教民主同盟とのちに統合し、メルケルは当時のコール首相に抜擢されて頭角を現していく。

このように学術への信頼があり、ファクトを重視する学者肌と、人間力のほどよい塩梅《あんばい》がメルケルの強みである。

封鎖解除時期を明言しない誠実さ

終わりの見えない封鎖生活

自宅隔離が解けた4月3日、メルケル首相は首相官邸から国民にビデオメッセージを寄せ、元気な姿を見せた。

「今日、自宅隔離が解けました。14日間一人でうちにいること、14日間電話とインターネットだけで世界と繋がっていることは、いかに容易ではないか今ならわかります」

語り口は真剣だった。年配者や病人だけでなく、ウイルスの危険性が高いため家に一人でいなければならない人たちすべてに思いを寄せた。

メルケル首相はこのメッセージの中でマスク着用も促し、かつマスクが1・5メートルの距離をとることとの代替にはならないことも釘を刺した。ドイツでは、今ではすっかりおなじみになったマスクも、もともとはよほどの重病人しかつけないため、街中では見かけたことがなかった。それに、コロナ禍が始まったばかりのころマスクの効果は疑問視されており、義務ではなかった。しかしアジアなどマスク着用が多い国で感染者が少ないことをはじめ、ドイツ国内でも一部の専門家がマスク着用の効果を訴え始めると、メルケル首相は4月下旬、小売店や路面電車でのマスク着用の義務化を発表。ここでもメルケル首相の柔軟さは発揮された。ちなみに、ドイツでは規則は罰則をともなう強制力のあるもので、1・5メートルの間隔を守らないと1人当たり150ユーロ（約1万8000円）、スポーツ大会を主催すると1000ユーロ（約1万2000円）など高額である。

また1週間後に、キリスト教で最も大事な祝祭である復活祭の4連休が控えていたこともあり、4月3日のスピーチでは次のようにも続けた。

「私たちはみな、これまでとまったく違った復活祭を過ごすことになるでしょう。（中略）ドイツ国内での海や山への小旅行、親戚訪問なども今年はなしです。これが厳しい現実であることは承知しています。私たちは好きな時に好きなところに出かけ、行動し、旅行することに慣れています。自由な生活の要《かなめ》は、個々の人が自分を発展させることです。それが突然、規則、制限、禁止になりました。しかし、これは文字通り生死に関わる問題なのです」

復活祭は日本のお盆やお正月のように、多くの人が親戚を訪ねたり、小旅行をするのが一般的である。しかし3月半ばから、いわゆる都市封鎖で接触制限措置が施行されており、原則として会ってもいいのは一緒に住む家族、または家族以外では最大１人のみとされていた。里帰りして、おじいちゃんおばあちゃんを訪ねるのは禁止なのである。

復活祭の旅行は原則なし、なじみのないマスク着用の義務化、小売店の営業も禁止……。窮屈《きゅうくつ》な都市封鎖がいつまで続くのか、解除の目安を求める人は少なくなかった。ただメルケル首相は**「今日、ただ措置解除の日にちを言い、その約束が守れないとしたらとても無責任なことです」**と、慎重な姿勢を崩さず、とりあえず４月半ばの復活祭終了まではこの措置を続けるとした。

長いと思った人は確実にいただろう。でも、その真摯な姿勢に措置を受け入れようと前向きになった人も多い。その場しのぎの空っぽな約束よりも、理由を説明してもらう方が私たちは納得できた。

お礼の言葉と手厚い補償

メッセージでは毎回のように国民の協力に対して感謝も述べている。

「みなさんの協力が引き続き必要です。みなさんが何週間も前からしてくださっている素晴らしい協力。私たちの国で大多数の人が協力してくれているのは、ただ素晴らしいの一言です。国は、最も良い面を見せています。そのことについて私は限りなく感謝しており、いくらお礼を言っても足りないぐらいです」

しかしお礼の言葉だけでは、糊口《ここう》をしのぐことはできないこともメルケル首相はわかっている。経済的な不安に対して、さまざまな対策に取り組むことを明らかにした。

「家族や仕事について心配している人もいるでしょう。（中略）数日前からドイツでこれまでにない大きな経済的社会的支援プログラムが始まっています。助成金や融資、短時間労働給付金などの申請を受け付け、煩雑な事務手続きはなく迅速に処理されます。政府はみなさんの側にいることを知ってください。連帯的な社会市場経済がこの難関を突破できるよう何でもします」

具体的には、簡易な手続きで中小企業や個人事業者が助成金を受けられるようにしたり、中規模以上の企業には融資を用意したほか、家賃滞納でも追い出されないよう法整備をした。

特筆すべきは雇用を守り、給与を確保する「短時間労働給付金」である。コロナ以前からある制度で、会社員が仕事減により給与減となった際に手取り給与の60～67％を最大1年、国が補填するもの。今回はコロナ禍を受け、最大80～87％と給付額を上げ、かつ２０２１年末まで延長できる特例措置を設けた。

実際、３月半ばからの都市封鎖の間に、この制度を利用した人は多い。福祉施設に勤める友人は６週間仕事が休みとなった時に６割の給与をもらって、毎日ヨガといった運動をしたり、本を読んだりしてリフレッシュしたという。思わぬ時間ができて家の中を片付けたり、家族と過ごす時間が増えたという友人もいる。旅行業界に勤める別の友人は４月から２０２０年の末まで給付金を受けた。こうした金銭的な補償は、ひとまず安心を与えてくれた。患者受け入れに最前線で踏ん張る医療関係者に関しては、感謝の意味を込めて１５００ユーロ（約18万円）の特別手当も支給されている。

芸術家の支援も忘れない

また、メルケル首相は経済活動だけでなく、ドイツ社会で重要な意味を持つ文化や芸術への支援も疎《おろそ》かにはしなかった。日曜日に小売店が閉まるドイツでは、休日に美術館や博物館に足を運ぶ人が多い。オペラやコンサートも身近で、町のお祭りではライブミュージックが通りで披露される。音楽学校で教えながら、フリーランスで音楽活動をしている人も少なくない。メルケル首相は5月9日、そんな芸術家たちの支援についてビデオメッセージを寄せた。

「ドイツは文化の国であり、博物館や劇場、オペラハウス、文学館など多様な施設がありま す。文化的催しは私たちについて、また私たちのアイデンティティーを表すものです」

そしてその週、メルケル首相は連邦保健大臣と各州の知事たちと一緒に、文化施設での衛生対策についてコンセプトの策定を求め、フリーランスで活動している人たちに、例えば音楽室やアトリエの家賃をはじめ、画材購入などに必要な経費を助成することを決めた。それは、幅広い多様な文化が経済的な理由から消え去るのを防ぎ、コロナ後も存続できるようにするためであった。

「芸術家のみなさん、（中略）助成プログラムだけでなく、みなさんがどれだけ私たちにとって重要かということをはっきり述べることも支援のひとつです」

芸術の意義を国のトップが認めることで、どれだけの芸術家が勇気づけられたことだろう。芸術への支援が可能なのは、国全体に余裕があるからだが、日頃から多様性を強調しているメルケル首相ならでは。芸術の真の価値を理解し、幅広く社会全体を見渡してすべての人を支援していこうという姿勢がスピーチではうかがえた。ちなみに以前の第二次メルケル政権では、外務大臣はゲイの白人男性であり、副首相の経済大臣はドイツ史上初の移民の背景を持つ大臣で、もともとベトナム戦争の孤児で養子としてドイツにもらわれてきた人物だった。このように国のトップ3人がマイナーな背景を持つことは、開かれたドイツの象徴である。

就任以前から始まっていたパンデミック対策

現実に即した対策計画

日本では新型コロナウイルス対策として「3密を避ける」が挙げられるが、ドイツで標語となっているのは「AHA＋L＋A」である。間隔（Abstand）、衛生（Hygiéne）、日常マスク（Alltagsmaske）、換気（Lüften）、アプリ（App）のそれぞれの頭文字を取ったもので、1・5メートル以上の間隔を開け、手洗いをし、マスクをつけ、頻繁に換気し、コロナアプリを利用しようと促している。ドイツでは規則を破ると罰金があり、小売店では店側もマスクをしない客に着用を促したり、間隔をとるよう注意するなど防衛策が義務付けられている。メルケル首相も繰り返し「AHA＋L＋A」を紹介しながら、ウイルスを軽くみないよう訴えていた。

「規制を緩めるのは早すぎる」（4月3日）
「パンデミックはせき止められているが、去ったわけではない」（5月27日）
「ほかの人のために注意、理性、責任を持った行動を」（5月30日）

ドイツはPCR検査体制を早急に整えるなど新型コロナウイルスへの対応が早かったが、それはパンデミックに備えた国家計画がすでに存在したからである。1999年にWHOがインフルエンザパンデミック計画を策定したのを受け、独自の国家パンデミック計画を策定、2005年初頭に公開した。世界的な感染拡大を想定した対策計画であり、新種のインフルエンザウイルスの拡大を遅らせること、感染による病人や死者を減らすこと、感染者の医療体制を整備すること、の三つを目的とした。２００９年の新型インフルエンザの世界的流行後には改定もされるなど、現実に即したものとなっており、ロベルト・コッホ研究所が実際の対策に対する科学的根拠を示した。

医療体制も整っており、集中治療室の病床は人口10万当たり38・2床と欧州最多であり、フランスの16・3床、イタリアの8・6床とは段違い。そのためコロナ禍初期の3月にイタリアやフランスなど他国から重篤者の受け入れを始めたほか、イタリアやスイス、ルーマニアなどにも医療用物資を提供しており、ドイツはコロナ禍において他国と連帯してEUの感染者の治療にも努めた。

こうしたEU間における連帯をメルケル首相は以前から呼びかけており、EU議長国就任についての6月27日のビデオメッセージでは、「コロナパンデミックは、健康、経済、社会的に途方もない影響があります。すでに欧州で1万人以上もの人が犠牲になりました。ヨーロッパの中心的業績である移動の自由や国境開放が一部制限されています。そのためEU議長国のモットーを『ともに』としました。ヨーロッパを再び強くする、そのために全力を尽くします」と話している。

成功したコロナアプリ

感染拡大対策ではコロナアプリも目玉の一つとなった。メルケル首相は6月20日のビデオメッセージで、6月16日から始まったコロナアプリについて紹介した。

「透明性があり、包括的なデータ保護、高レベルのＩＴ安全性に注意して開発されました。アプリは信頼できます。（中略）ワクチンができない限り、ウイルスと共存していくことを学ばなければなりません。プライベートでも仕事場でも再び自由に動き回れるように、学び、そして同時に注意深く理性的でなければなりません。コロナアプリは、感染のつながりを知り、断ち切るための重要な助けとなります」

ドイツではフェイスブックに反対運動が起こるなど個人情報の取り扱いに慎重な人が多い。コロナ禍でレストランやカフェ、催し物会場では名前と連絡先を明記することになっているが、個人情報の利用が許されているのはコロナ対策にのみで、3週間後に破棄することが義務付けられている。こうした個人情報に意識の高いドイツで、メルケル首相はアプリの使用は強制ではなく自由意志に基づくものであり、位置情報や個人名などは記録されないことを強調しながら、個人情報保護と民主主義、感染症撲滅の微妙なバランスをとってアプリの必要性を訴えた。

結果、アプリは国民に受け入れられ、11月には人口の４分の１以上にあたる約２２００万人が利用。累計２８０万人がＰＣＲ検査の結果を共有し、また11月には毎日２０００人以上がアプリを通じて感染を伝えた。

世代を超えて連帯を

７月４日には、メルケル首相は年配者に向けたビデオメッセージも寄せた。一人暮らしや老人ホームの年配者は、コロナ禍により家族の訪問が制限されて寂しい思いをしたり、介護者が来られないために外出できない人が出て問題となっていた。

「お年寄りに感謝の念を表すための、簡単で効果的な方法があります。それはコロナの規則を守ることです。間隔をとり、衛生に気を配り、マスクをすること。（中略）例えばスーパーの通路でお年寄りに道を空けることです。マスクを顎《あご》でなく、きちんと着用すること。それによりコロナ禍でもお年寄りが、社会生活をともに営むことができます」

メルケル首相は、お年寄りも若者も一人ひとりが社会の一員だと説き、若者と年配者がともにあり、互いに必要としていること、また世代を超えてともにいることがすべての人にとってよい生活なのだと話した。そして、実際にドイツでは、運動できなくなったスポーツクラブの若者たちがお年寄りの買い物を代行するネットワークを作ったり、電話などで声かけをする活動が街のあちこちで見られた。

賢母は国民を静かに諭す

「コロナは嘘だ」噴出する不満

学校は5月から順次再開したが、夏休み前まではクラスを半分に分け、1日置きまたは週替わりに学校に通うのが一般的だった。ただ、夏休み明けに新学年が始まり、コロナ以前と同じような通常授業になると、他者にウイルスがうつりやすい状況となり、私の周りでも夏休み明けから、感染者が出たという話をぽつぽつと聞くようになった。知り合いの中には担任教諭の感染が発覚し、クラス全員を検査したら息子の感染が発覚。家族全員で2週間の自宅隔離となり、買い物も犬の散歩も禁止された人もいる。

9月から10月にかけてはまた感染者が増え始め、9月初めの感染者は約25万人だったが、10月初めには30万人に迫り、死者も約9500人となった。夏休みには国内はもちろん、フランスやスペインなど隣国に旅行に出かけた人も少なからずいた。

また、コロナ対策が長引くにつれ、これらの厳しい措置を不服として各地で反対運動も起こるようになった。極右政党「ドイツのための選択肢」など現政権政策全般に反対する政党や、「店の経営が苦しい」「失業した」などコロナ政策のために実際的な不利益を被《こうむ》った人をはじめ、副作用があるとワクチン接種に反対するグループ、「コロナは嘘だ」とコロナウイルスの存在そのものを否定するグループ、「ビル・ゲイツがワクチンとともに、チップを皮膚に埋め込もうとしている」などの陰謀説を唱える人たち、「マスク着用義務は基本的人権の侵害」と訴える人など、さまざまな人たちの集合体により、各地で数千人から数万人規模でコロナ対策反対デモが開かれている。私もハノーファーで見たが、親子でのんびりと散歩するように参加している人もいれば、接触制限措置を「自由を侵害し、民主主義に反する」「旧東ドイツと同じだ」と過激な主張も散見された。デモの中で衝撃的だったのは8月

29日、ベルリンでコロナ対策についての反対デモをする人たちが、連邦議会議事堂の正面玄関を占拠し、極右勢力が黒白赤の3色からなる「帝国旗」と呼ばれるナチス時代に使われていた旗を翻《ひるがえ》したことである。

「何でもする用意があります」

そんな中メルケル首相は9月12日、同月15日の「国際民主主義デー」に合わせてビデオメッセージを寄せ、最初にドイツが民主主義国家であり、民主主義が機能し、コロナ対策がうまくいっているのは市民のおかげであると称《たた》えた。

「ドイツでは民主主義と自由、法治国家と政治的共同責任が根付いていることは幸運です。

（中略）

市民の大多数が（コロナへの対策）を支持しているということは、社会の弱者を気遣う共同体意識が顕著《けんちょ》であることを示しています。そのことを私たちは誇りに思うことができます」

そしてコロナ対策により、大変な思いをしている国民がいることを認識しているとした上で、コロナに反対する人たちを示唆《しさ》する発言をした。

「誰でも自由に、政府の決定を公《おおやけ》の場で批判することができます。誰でも平和的なデモにおいて自分の意見を表現できます。これが法治国家の最高の資産です。

表現の自由や公開討論、（デモへの）参加を抑圧しない国家、それどころか保証する国家であることに、世界中の多くの人が私たちをうらやましく思っています。『国際民主主義デー』は、一人ひとりが、私たちの国の民主主義をさらに強固にすることに貢献できることを思い出すよい機会です」

続けて民主主義国家であることを強調し、政府は国民の意見を聞く用意があることを示すとともに、極右勢力を牽制《けんせい》した。政党「ドイツのための選択肢」は連邦議会で「コロナ対策は不適切である」「パニックを焚《た》きつけるな」と発言していたのだ。極右勢力は外国人排除を訴えるなど、社会の分断を促し、民主主義を歪《ゆが》めようとする傾向がある。政府のコロナ対策についても反対デモにお墨付きを与えるような発言や行動をしており、民主主義のもと一丸となって団結を呼びかけるメルケル首相とは相反する。
コロナ禍当初からずっとコロナ対策の順守を呼びかけているメルケル首相の警告を、ドイツでは何度も耳にしており、聞き飽きている人もいるだろう。しかし9月30日、メルケル首相は議会演説で語気を強めて警告し、その声は緩みかけていた意識を引き締めるのには十分だった。

「新たな全国一斉シャットダウンを避けるために、何でもする用意があります」

メルケル首相は淡々としていることが多いが、珍しく力のこもった口調だった。「私たちは話し、説明しなければなりません。（ことの重要さを対策に反対する人に）伝えなければなりません」と、暗に反対者がいることを示唆し、コロナ対策に否定的な人たちが増えていることも認識している様子。説得を通して理解と協力を得ることで、室内で人と会う機会が増える秋と冬を乗り越えられるとした。実際、レストランやコンサート会場などでは名前と連絡先を明記しなければならないが、この頃は偽の情報を書く人が後を絶たず問題となっていて、演説では偽情報を明記した人には50ユーロ（約6000円）の罰金を科すことも提案。

強い口調と合わせてこれまでの努力がすべて無に帰《き》さないようにという危機感が漂《ただよ》っていた。

スピーチの最後に見せる微笑み

それから3日後の2020年10月3日、ドイツは東西統一30周年を迎えた。メルケル首相は白いジャケットを身にまとい、ソーシャルディスタンスを守りながら式典に参加。スピーチは2分弱と短かったものの、コロナ関連のスピーチとは打って変わって希望が前面に出た内容だった。

「ドイツ統一がうまくいったことに、国民のすべてのみなさんに感謝します。私たちの後の世代、若い人たちや子どもたちがよい人生を送り、私たちが新しい時代にわくわくしていられるように、さらに新しい道を歩んで行きましょう」

メルケル首相の魅力は、ごく普通らしいところではないだろうか。声が大きいわけでも、押しが強いわけでもない。目元には66歳という年齢相応の小じわだってある。しかし、国民を諭《さと》しながら何度も協力を呼びかける姿には芯の強さが、スピーチで私たちを見つめる瞳からは常に誠実さが滲んでいる。国民を信頼し、国民とともにあるのだという姿勢が伝わり、見ている人に安心感を与えるのだ。国民から「ムッティー（お母ちゃん）」と慕われるのも思わず納得してしまう。

10月17日のビデオメッセージにもそんなメルケル首相らしさが出ていた。

「学者たちは、ウイルスの蔓延は一人ひとりの接触と出会いにかかっていると断言していいます。各人がしばらく家族以外と会うのをやめれば、新規感染者の増加を食い止めることができます。

今日はそれを呼びかけます。外でも内でも、会う人の数をはっきり減らしてください」

これまでにない新規感染者増加を受け、「コロナパンデミックのとても深刻な状況にある」とし、他人への配慮と理性的行動が、コロナ蔓延を抑制してきたのだと改めて述べた。

コロナ対策のルールを守ることをアピールし、スピーチではおなじみとなった「一人ひとりにできることがあります。お願いします」という言葉で結ぶ。そして最後のほんの一瞬だけ頬が緩み、笑顔を見せた。

「対話する首相」は相手の話をじっくり聞く

再び感染拡大

しかし、新型コロナウイルスは容赦なく拡大し、感染者は増え続けた。春から実施されているさまざまなコロナ対策に真剣につきあうことに息切れした人もいるだろう。夏に緩み始めた雰囲気は秋にはますます緩み、友人とハグしたり、数家族が一度に会ったり、大人数でビールを飲みに行く姿が見られた。感染拡大のスピードは春の比ではなかった。

その頃、政府は「10万人当たりの過去7日間の平均感染者数」を指針とし始めた。50人を超えると危険区域に指定し、その地域への不要不急の出入りや観光を制限。観光目的でのホテル宿泊は禁止された。しかも違反すると、最大2万5000ユーロ（約300万円）という桁違いの罰金である。「最大」なので、実際にはそのような高額の罰金は科されないと思うが、私も秋休みに他都市の友人宅を訪問するのを取りやめた。というのも、危険区域を赤で記した地図が、10月初めには全国に赤いスポットがぽつぽつ点在している程度だったのが、みるみる増加しており（11月末には北ドイツの一部を除き、ほぼ全土が真っ赤に塗りつぶされるほどだった）、私はその罰金の額にビビったのだ。出かける数日前には友人の住む地域も危険区域となっていた。

実際のところ出かけることは可能であり、仕事のためなら短時間の滞在も許されている。しかし危険区域に24時間以上留まると、戻ってきた時に2週間自宅隔離をしなければならない。それもネックだった。遊びに行って、息子が2週間学校を休むはめになっては困る。

そうした中で、メルケル首相は10月29日に連邦議会で演説し、11月2日から4週間の「部分的ロックダウン」を実施することを発表した。同日は累計感染者数が50万人、死者1万人となっており、新規感染者は1万8733人と、猛烈な勢いで増えていた。

「部分的」とついていたのは、春の全面ロックダウンと違って、学校や幼稚園、小売店、美容院は開いており、レストランはテイクアウトのみ許されているからだ。劇場や映画館、図書館、娯楽施設は閉館しているが、ほかにも、一度に会える人数が2世帯10人までは許可されるなど（春は1人）、春の全面ロックダウンよりも緩かった。

今回の措置について、メルケル首相は第二波の到来を少しでも抑制するためで**「妥当であり、必要であり、適切です」**と断言し、連邦議会での採決なしに、州知事との話し合いで決めたことについては**「75％の感染者について、感染源が不明となっています。そのため早急に対応しなければなりません」**と理解を求めた。ドイツ国内には60歳以上の人が2400万人、また障害者が250万人いる。すなわち人口の3割が健康的に弱い立場にいるのだ。だからこその議会の採決なしの早急な対応を取ったのだろう。**「みなさんにも、絶対に感染させたくないと思っている人が知り合いにいるでしょう」**と話し、連帯を呼びかけた。

年明けまで続く2度目のロックダウン

同日の会見では政府のコロナ政策についてオープンに議論したり批判することは重要であり、民主主義を強めることだとする一方、コロナを否定する人について、メルケル首相は**「嘘、偽情報、また憎しみは、民主主義的な議論だけでなく、ウイルスへの戦いを損なうものです」**と厳しい口調になった。

ここでもキーワードは「理性と責任」である。メルケル首相は**「自由とは責任を意味します」**と話し、自由とは何でも好きなことをしていいということではない、周囲への配慮なしに行動することとは、他人を危険にさらすと戒めた。

その背景には、全国各地でコロナ対策反対デモがますます盛んになってきている現状がある。さまざまな衛生対策を施《ほどこ》し、クラスターが発生していないにもかかわらず、飲食店や娯楽店は閉店を強いられ、不満が溜まっていたのだ。政府は2019年11月の収入の75％を補填するとしているが、2020年は通年営業不振なのに、もともと収入の少ない11月の75％を保障されても焼け石に水だという声も上がっている。私の知り合いの飲食店経営者は、「あらゆる対策をしているのに、また閉鎖しろとは。こんなに一生懸命やってきたのにすべて無駄だったのかと心底がっかりする」と話し、金銭的な不安だけでなく、精神的な打撃が大きいことも教えてくれた。

劇場など芸術関係者も、すべての公演がキャンセルとなり落胆を隠せない。同じく27日の演説でメルケル首相は娯楽や芸術分野について**「みなさんのフラストレーションは理解できます。この分野の人は特に落胆が大きいでしょう」**とし、衛生対策が無駄でないとしながらも、**「衛生対策だけでは、感染の力を止められません」**と理解を求めた。

こうして2度目のロックダウンに踏み切ったが、11月の新規感染者は連日1万人を超え、3万人を超える日もあった。同月末には感染者は累計100万人に達し、死者も1万6000人以上に。ロックダウンしていなければ感染者はもっと多かっただろう。学校内での感染が増えていることから、クラスを半分に分けて1日おきの通学としたり、授業中もマスク着用を義務付けるなど厳しい措置を実施した。

さらに、やっとロックダウンが解除すると思った矢先の11月26日には、政府は新たに州知事と相談した結果、現在の部分的ロックダウンを12月20日まで延長すると発表した。その分、クリスマスから年末年始にかけては大人が10人まで集まることを許可するなど、規制を緩めるとした。クリスマスマーケットも大晦日の花火大会も禁止となり、これには、みな大いに落胆した。寒くて暗い冬、4週間にわたるクリスマスマーケットは市民の憩《いこ》いであり、支えなのである。寒空の下、友人と語り合いながらホットワインを飲むという当たり前のことができなくなってしまった（しかし、この部分的ロックダウンは効果が薄く、1日の感染者が3万人、死者は500人を超える日が出るほど感染は拡大、12月16日からは全面ロックダウンに切り替わり、1月前半まで続くことになった）。

国民と90分じっくり「対話」

そんな中で始まったのが、国民と会話するシリーズ「対話する首相」であった。コロナ禍により国民と触れる機会の減ったメルケル首相が4回にわたり、さまざまな分野の若者や市民と90分オンラインで語り合うというもので、初回の11月12日は18人の職業訓練生の若者と話をした。

冒頭、メルケル首相は「職業訓練を受けることは、大学で勉強するのと同じぐらい重要なことです」と話した。ドイツでは大学に進学する人が年々増え、現在は半分以上を占めているが、実際に手を使って仕事をする職人や労働者の重要性が見直されている。今回の対話には航空会社貨物部、産業機械整備、パイプオルガン製造などさまざまな分野の若者が参加し、メルケル首相は職業訓練の様子やコロナウイルスの影響について質問しながら、真剣な表情で答えに耳を傾けた。「12月１日からホテルは営業開始できますか」という質問に、メルケル首相は深く息を吸った後「私たちは賢明でなければなりません」と短く答えて、10万人当たりの感染者が50人以下となるかどうかが鍵だと説明した。５年前にアフガニスタンからドイツに来た若者には、ドイツに来たばかりの時の苦労やドイツ人の同僚とのつきあいについて詳しく聞いた。ＢＭＷで機械電気工の職業訓練を受ける女性に「女性は何人ですか」と聞き、「２人です。１クラス24人ですがコロナで半分に分けられ、12人中１人ずつ女性が入っています。半分が学校、半分がオンラインと交代で授業を受けています」との答えに、「では11人の男性たちも気分転換になりますね」と笑った。

一人ひとりと話をしながら、「わかります」とうなずく姿は、一国の首相でありながら、隣のおばちゃんのようでもあった。貫禄がありながら、気さくで、気遣いがある。特に若者はストレートに思ったことを口にするが、メルケル首相は形式張らず、誠実に接した。続いてこの対話シリーズでは、コロナ禍で厳しい状況にさらされている看護・介護関係者、コロナ対策やデモ対応に追われる警察官、デジタル授業など通常の大学生活を送ることができない学生たちなど、コロナ禍によって大きな変化に直面する人たちを対象とした。政治が現実と向き合うこと。長引くコロナ対策により国民の不満がたまりつつあるのを食い止めるのには、いっそう説明を尽くす必要があるとメルケル首相が考えたからだろう。対話の様子は連邦政府の公式サイトで見ることができる。

メルケル首相は相手の話をじっくり聞く懐《ふところ》の深さを持っている。自分の主張を声高に叫ぶのではなく、相手の立場にたって一緒に考え、解決の糸口を探る。そういう姿を見ると、メルケル首相はドイツ社会の民主主義の成熟度を体現しているのだと改めて思う。演説のたびに**「お互いのためにともに立ち向かわなければなりません。これを肝に銘じておけば、危機を乗り越えられるでしょう」**とメルケル首相は繰り返してきた。コロナ禍がメルケル首相在任中に起こったのがせめてもの救い、と思っている人は少なからずいるに違いない。

第4章

丁寧な説明を尽くした等身大の臨時首相

© Thomas Daems - Office of Ms Sophie Wilmès

ベルギー

ソフィー・ウィルメス副首相

（首相在任期間：2019年10月～2020年10月）

文／栗田路子

◆栗田路子（くりた みちこ）

EU主要機関のある欧州の小国ベルギー在住約30年。上智大学卒業後、米国とベルギーの大学院にて経営学修士号取得。コンサルタント、コーディネーター業の傍ら、共同通信47NEWS、ハフポスト、婦人公論などのほか、環境、一般消費財、小売業などの業界誌にEU、ベルギー事情を執筆。海外在住ライターによる共同メディアSpeakUp Overseasも主宰する。注目テーマは、社会正義、人権、医療倫理、LGBT、環境危機、再エネ、脱プラなど。

【ベルギー基本データ】（2020年12月15日時点）

- 人口：**1161万2613人**
- 累計感染者数：**60万9211人**
  （人口100万人当たり：**5万2461人**）
- 累計死亡者数：**1万8054人**
  （人口100万人当たり：**1555人**）
- 人口100万人当たりの累計検査数：**54万6941件**
  （1人が複数回検査した数も含む）

出所）Worldometer　https://www.worldometers.info/coronavirus/#countries
Dong E, Du H, Gardner L. An interactive web-based dashboard to track COVID-19 in real time. Lancet Inf Dis. 20（5）:533-534. doi: 10.1016/S1473-3099（20）30120-1を基にグラフを作成

顔さえ知らなかった女性がコロナ禍の臨時首相に

コロナ以前は首相代行

2020年3月12日夜のこと、国営テレビに見覚えのない面長《おもなが》の女性が大写しになっていた。カッチリした黒いジャケットにグレーのシャツ、そしてノーメーク。話し方はひと言ずつゆっくりとかみしめるようで、緊張した面持ちが印象的だった。

5日後。突然の封鎖宣言で、彼女は一躍、ベルギー中の誰もが知る顔となった。その彼女とは、コロナ禍の荒波を陣頭指揮することになったベルギー初の女性首相ソフィー・ウィルメス氏だ（2020年12月31日時点で彼女は副首相であるが、本文では時系列に沿って役職名を記載する）。

ベルギーに住む人たちも顔と名前が一致しなかったウィルメス氏。日本に暮らす人が知らないのも無理はない。そもそも、欧州の小国ベルギーについて知っている人ですらどれだけいるだろう。

　有史以来あらゆる方向から列強国に攻め込まれ、分割・統合されてきたベルギー。今ではフランス、ルクセンブルク、ドイツ、オランダと国境を接し、イギリスとはドーバー・トンネルを通過する直行列車で繋がる。首都ブリュッセルにはEUの主要機関を筆頭に多くの国際機関が集まっており、昔も今も人の往来が激しい。ブリュッセル人口の4割は外国人とされている。国は、オランダ語を話す北部ゲルマン系とフランス語を話す南部ラテン系の折り合いが極めて悪く、常に分裂の危機にさらされていて、これに超国際的なブリュッセル地域を加えた三つの地域政府と、オランダ・フランス・ドイツ語の三つの言語共同体政府による重層構造となっている。日本で大学を出て就職した後、アメリカを経由してベルギーに住むことになった私には、あまりにも複雑怪奇だが、みんなバラバラな社会はなかなか住み心地がいい。

　多様性に富むといえば聞こえはいいが、ベルギーではバラバラな人々の支持政党がまとまらないので、連立内閣が当たり前。ベルギー人は議論好き、批判好きばかりだから毎度のことながら組閣にはあきれるほど時間がかかる。2010年には政府不在記録を541日に更新し、今回はそれより長引くかと揶揄《やゆ》された。

新政府が樹立されるまでは、新しい政策は何も打ち出せないものの、前首相と前内閣が暫《ざん》定的《てい》に継続すると決められている。前政権が２０１８年末に崩壊し、前首相が翌年末にＥＵの大統領職に引き抜かれてしまうと、代わってひっそりと前首相の代行に就いていたのがウィルメス氏だった。後始末政府ではその影は薄かった。

しかし、３月初旬。突然のコロナ危機到来で「連邦緊急管理フェーズ（日本でいう緊急事態宣言）」が宣言されると、コロナ危機臨時内閣の首相として彼女は一躍表舞台に躍《おど》り出た。コロナ禍の緊急発表までほとんど誰も彼女を知らなかったといっても過言ではないのに。

緊張と誠意が伝わったスピーチ

ベルギーで最初の感染者が報告されたのは２月４日。武漢から帰国した駐在員男性で、その時点ではまだ「遠い中国での出来事」に過ぎなかった。キリスト教国では、陰暦に沿って毎年移動するカーニバル休暇の週がこの頃にある。２０２０年はそれが２月末で、この休みにはベルギーからも多くの人々がアルプスでのスキーや一足早い太陽を求めて、北イタリアや南仏を訪れた。

ところが、その２週間後の３月11日、最初の死者が報告され、ＷＨＯがパンデミック宣言をすると、事態は急展開を迎えた。12日の夜にはフランスよりもドイツよりも一足早く、ウィルメス首相は緊急事態宣言を発表。さらに1週間後の17日には、爆発的感染拡大を前に、より詳細で厳格な封鎖に踏み切った。それは、ウィルメス首相を含む国家安全保障会議（CNS）が1月に早くも発足し、毎時単位で感染状況を把握してきた公衆衛生省感染専門家チーム（sciensano）や危機評価・危機管理グループなどの専門家グループに諮問《しもん》して決定したことだった。

常連のおじさん政治家の中に紅一点、ウィルメス首相の表情は硬かった。だが、ひと言ひと言かみしめるように発する言葉には誠意が滲《にじ》み出て、テレビにかじりついて聞き入る市民の背中をそっと押した。

「これからお話しするコロナ対策は、みなさんで、乗り越えていかないとできないことなのです。みなさんが自発的に、かつ連帯して行わないと……。連邦レベルから、市町村レベルまで、すべての政府や行政が一緒になって、そして、市民のみなさんと団結して進めないと、成果に繋がらないのです。（中略）難しい決断でした。とても軽々しく決められるものではなく……。家に留まっていただきたいのです。感染拡大があまりに爆発的なのでこうするよりほかないのです。なので、市民のみなさんに、みなさんの一人ひとりにお伝えしたいのです。まず、ありがとうと。なぜなら、みなさんそれぞれが、集団として我慢してくれているから。お互いを守り合うために、嬉しくないルールを守ってくれているから。容易《たやす》いことではないでしょう。ベルギーでの対策がうまくいくかどうかは、みなさんにかかっているのです。そして私たち（政治家）には、それを後押しすることしかできないのです。（中略）どうか、ウイルスの拡散防止にそれぞれが自分のできることを尽くしてください。メディアのみなさんも、機会あるごとにどうぞ繰り返してください。私たちには苦しい時こそ、助け合いの精神で連帯して責任をもって行動する力があると信じています」

ウィルメス首相の選びながら発する言葉の一つひとつが、これは未曽有《みぞう》の危機で普段はバラバラな我々も今はみんなで一緒に我慢するしかないのだと悟らせたのだろう。店やレストランが閉ざされた繁華街がテレビで映し出されれば人々を寂寥《せきりょう》感が襲ったが、普段は歩くことも少ない近所を散歩すると、家々の窓や扉に国旗や子どもたちが書いた連帯と感謝のメッセージがあふれていた。道ですれ違う人々が互いに意識的に距離をとりながらも、微笑んで声をかけるようになった。

言葉の中にはこまやかな気配りも

　禁止事項はオソロシイほど長く具体的で詳細だった。例えば、食料の買い出しについては、家族といえども同伴者は認められず、店には10平方メートル当たり1人の割合で人数制限が設けられ、30分以内で済ませなければならなかった。しかし、会見で話すウィルメス首相の言葉の端々には、おじさん政治家ではできないような生活感あるこまやかな気配りが見え隠れしていて、一人ひとりの日常と照らし合わせながら、その言葉を信じて従おうと感じさせた。

「高齢者を思いやってあげてほしい。出かけられなさそうだったら、必要なものを届けたり、買い物をしてあげてください。どんな人がハイリスクかをもうご存知でしょう？　周りにいる弱い方を守ってあげてほしいのです。（中略）
　日夜この危機の最前線にいる方々のご苦労に感嘆しています。例えば、医療関係者のみなさんの。でも、彼らだけではないのも知っています。みんなで、連帯して、家族や近しい人たちで助け合ってほしい。周りの人々が元気にしているか時々声をかけてください。ネットなどを使って。2020年、私たちには、実際に会うことができなくなっても、ITという術《すべ》があるはず。もちろん、バーチャルでは完全に代替できないこともわかっているけれど、役には立つでしょう。ソーシャルディスタンスが『社会的孤立』を意味しないように。今だけの物理的な距離が、『孤独』に繋がらないように」

私の周りでも、友人や親族の間で、SNSを使ったグループがいくつもでき、夕方に時間を調整して、スクリーン越しに顔を合わせながら食前酒で乾杯し談笑するようになった。バーチャル授業で使いこなせるようになったアプリを使って、小学生の孫たちが頻繁におじいちゃんやおばあちゃんをバーチャル訪問している話が飛び交った。私も、普段なら平気で何カ月も顔を合わせないお向かいの独居老人のために、毎週買い出しをするのに声をかけるようになった。物理的な距離を超えて、疎遠な人々が近くなったようにさえ感じたものだ。

メディアも称えたリーダーシップ

3月17日には封鎖とともに突然、学校の授業休止も告げられた。日本では2月末、唐突に学校閉鎖が告げられると、子どものために働くことすらできなくなった母たちのことが報じられたと聞いていたので、この発表を聞いた時「ベルギーはどうするのだろうか?」と、一瞬不安が頭をよぎった。だが、ウィルメス首相は子どもや働く親たちのことを考えていた。

「学校の授業は休みとします。でも、必要とするご家庭のために、学童保育は確保します。少なくとも警察や消防といったエッセンシャルな仕事、医療に従事する方のために、また高齢の祖父母に頼るしかない方のために。高齢者はリスクが高いのですから、お子さんを預けないでほしい。『少なくとも』と言ったのは、文字通りの狭い解釈にこだわってほしくないからです。子どもの学校が突然なくなってしまったら家に留まるしか方法がなく、仕事ができなくて困りきってしまう親御さんもいるはずなのですから」

授業がなくなっても、学校を閉ざすわけではなかったのだ。必要な人々のための学童保育は授業休止の最初から提供され続け、食品店で働く人々や看護師さんらが、学童保育があって助かったと言いながら子どもたちを学校の門まで連れて行く姿はテレビのニュースなどでも報じられた。

ウィルメス首相は発表でメモやパワポを用いて説明するが、準備された文書やプロンプターを棒読みするでも、大きな言葉を振りかざすのでもない。自分の言葉を丁寧に紡《つむ》ぎながら、異なる立場の人々に思いを寄せて、市民を共感と連帯へ誘っていく。そんな彼女を4月13日、辛口コメントで定評のある中東の衛星テレビ局アルジャジーラもこんな風に伝えている。

「政治的には機能不全状態のベルギーが、コロナ危機をなんとか乗り越えんとしているのは、冷静で控えめ、落ち着いて包摂的なウィルメス首相の功績」だと。

子どもも大切な市民、一人ひとりへの丁寧な説明

学校訪問では質問攻めに

アルジャジーラが「包摂的」と評した一つの表れは、子どもたちへの取り組みだろう。

当初の予定なら、いよいよ封鎖解除になるはずだった4月初め。ベルギーではみなが待ちに待った復活祭の2週間休暇が始まるのだが、今年は解除が見送られて封鎖生活が続いた。友だちにもおじいちゃんおばあちゃんにも会えないまま、ステイホームで休みを迎えた子どもたち。そこで、ウィルメス首相は若い女性閣僚（義務教育担当大臣、子ども担当大臣）とともに、国営テレビの子ども向けニュースバラエティ番組に1週間にわたって登場し、かわい

い質問に次々と答えたのだ。
例えば、5～6歳の小さな女の子が「なんで～、あの～、お友だちと遊んじゃいけないの？　バイバ～イ」と、もじもじしながら尋ねると、ウィルメス首相は目を細めて表情たっぷりにこう答えた。

「わかるわ、お友だちと会えないのはつまんないよね。だけどね、今はね、一番大事なのはね、〇〇ちゃんが元気でいてくれることなの。〇〇ちゃんだけじゃなくてね、家族やお友だちもね。みんなが元気でいるためには、なるべくお家から出ないでほしいの。何週間かなあ。どうしてかっていうとね、ウイルスってね、人から人に伝わっちゃうの。もし、たくさんの人と会っちゃったら、その中の誰かがウイルスを持っているかもしれないの。でも、何週間かしたら、またお外に出て、お友だちと遊びたいだけ遊べるようになるから。それを願っているのよ」

また、10歳くらいの男の子からの「これから、どうやってコロナウイルスから僕らを守れるようになるんですか？」という質問には次のように答えた。

「ワクチンというのができることを期待しています。ワクチンで免疫というのができれば、きみの身体をコロナウイルスから守ってくれるようになるの。具合が悪くならなくてすむの。今、たくさんの科学者や医師たちが、がんばって、いいワクチンを見つけようとしてくれているのよ。だから、待っている間、気を付けてルールを守って、ウイルスに遭《あ》わないようにしていてね」

子どもたちも立派な社会の一員。ウィルメス首相は子どもだからと誤魔化さず、わかりやすい言葉で説明を尽くそうとしていた。

首相はさらに、たびたび学校を訪れて、子どもたちからの質問攻めにも答えている。その中の1校では、子どもたちから卒業を祝いに来てほしいとせがまれ、ウィルメス首相は喜んでそれを引き受けた。昨年は突然のコロナ禍で卒業式もなくなってしまっていた。ソーシャルディスタンスをとりながら6年生一人ひとりに卒業証書を渡していく首相には、保護者や先生から多くの感謝の言葉が贈られたという。

欧州では他の若手女性首相たちも、同じようなアプローチで子どもたちに直接伝えようとしたようだ。果たして背広姿でふんぞり返っているような首相やコワモテの大統領にはできただろうか。

ウィルメス首相から届いた感謝の手紙

ちょうどその頃、私が所属する地元の女性クラブでも「首相に応援のメールを送ろう」との声があがった。そんな声を自然にあげたくなるほど、彼女の懸命さがメディアから伝わってきていたのだ。仲間の一人が首相宛てにメールを送ると、本人名義でこんな返答が送られてきた。

> メッセージと激励の言葉をありがとうございます。
> いくつかの言葉が心に響きました。
> この難しい局面では、科学者たちの言葉に沿い、責任をもって厳しい施策をとらざるを得ないのです。（封鎖政策が）市民のみなさんの日常生活に大きな影響を与えてしまって

いることは十分にわかっています。でも、どうしても必要で、みなさんの協力が不可欠なのです。

どうかがんばって続けてください。あなたと親しい方を大事にしてください。そうすればみんなを守れるのだから。

心からの気持ちを込めて。

首相　ソフィー・ウィルメス

コロナ禍の首相が多忙を極めていたことは疑う余地もない。週に1度のペースで1時間以上にわたるコロナ関係の発表や記者会見をこなし、その間も、国会が閉じていたわけでもなく、テレビやラジオにも頻繁に登場して説明に奔走《ほんそう》していた。

メールの内容は誰に対しても、同じだったのかもしれない。それでも、孤独なステイホーム状態の市民には心に明かりが灯《とも》されたように感じられた。丁寧な説明とはこういうことなのではないだろうか。

死亡率世界一の陰にひたむきな正直さ

改善が繰り返される専門家からの情報発信

3月以降、ウィルメス首相同様にベルギー社会ですっかりコロナの顔となってしまっていたのは、毎日定時に記者会見を続ける専門家チームsciensanoの面々だった。彼らはフルタイムでコロナに関する最新の情報を集め、感染者数、入院者数、重篤患者数、死者数などの数値とこれらを分析した詳しい指標やグラフなどを示して、政府に提言しながら週末も休まず毎日11時に市民と報道陣に語り続けた。段階的封鎖解除に入ってからは、毎日から週に3回となったが、みんなが正確に感染状況を読み取れるように、感染の拡大傾向がはっきりとわかる感染者数の7日移動平均値を発表するようにしたり、誰でも元データを基に作図できるダッシュボード表示にサイトを作り替えたりと、毎週のように改善や工夫を繰り返してくれている。ただ、3月の封鎖宣言後、ベルギーの感染状況は急激に悪化の一途をたどり、4月初めには、人口100万人当たりの死者数で世界トップに躍り出てしまった。

コロナ以外と断定できないならコロナ死

何事にも中庸《ちゅうよう》で世界ランキングの上位に出てくることなどないベルギーが単位人口当たりのコロナ死者数でトップになると、市民は動揺して批判が高まり、報道陣は厳しく追及した。専門家はこの追及に対して「死亡率の数え方はまだ世界で統一したルールはなく、ベルギーはWHOや欧州疾病予防管理センター推奨の方法をとっている」と説明した。つまり、COVID－19による死ではないと断定できない場合は全て、「コロナの疑い」としてコロナ関連死に含めていると説明したのだ。

PCR検査が間に合わない場合、老人ホームなど病院以外で亡くなる方が新型コロナウイルスに感染していたのかは確かめられない。これに加え、たとえ亡くなった方がコロナに感染していたとしても、それが直接死因かを断定するには、解剖などによる検証が必要になる。

そこでベルギーは、状況が落ち着いたら、過去のデータと比較して「超過死者数」からコロナ死者数を逆算して精査する方針をとるとした。周辺国に比べてあまりに多い死者数に、医療崩壊を恐れていた市民はこの説明を半信半疑ながら受け入れた。

ただこの頃は、老人ホームでのおびただしい死者数の増加とともに、非常事態で緊迫感が走る医療現場や専用航空機での患者搬送の様子が、毎日のようにテレビやＳＮＳで伝えられていたため、市民の間の緊張がピークに達していた。

そんな４月15日、２回目の封鎖期間延長を伝えたウィルメス首相は、５月４日からの段階的封鎖解除の準備に入ったことを伝え、市民の萎《な》える心を奮《ふる》い立たせたのだった。

「3月12日の封鎖措置以来、みなさんがルールを守ってくださった、その努力と犠牲を心から誇りに思っています。ベルギーにとって第二次大戦後、一度も体験したことのない困難に（私たちは）直面しています。私たちの医療体制が（隣国の惨状と比べて）飽和することなく全ての患者に必要な医療が提供できてきたのは、ひとえに市民のみなさんの献身的な努力のおかげだと思っています。それでも、老人ホームで多くの死者が出てしまったことは事実で、速やかに緊急対応を進めています。ただ、『透明性』を尊重して、一部過剰にカウントしていることも覚悟して死者数を計算しています。今後の精査で（真のコロナによる死者数が）明らかになっていくはずなので、どうか心配しすぎないでください」

まだベルギーでは降霜《こうそう》すらある肌寒い３～４月、肺炎などで亡くなるすべての高齢者をコロナ死に勘定すれば、驚愕の死者数もありうるかもしれない（北半球の国では寒い時期に高齢者の肺炎による死者数が多い）。それに、イタリアやフランス、オランダなどの隣国がこの頃、重篤患者をドイツに搬送して治療を受けさせてもらっていた一方で、ベルギーでは患者の治療は自国内で完結していた。首相の説明は市民をとりあえず納得させて、封鎖解除を心待ちにする市民の気持ちを少しだけ軽くした。

こうして４月15日には、５月４日からの封鎖解除に向けて、sciensanoや危機管理専門家グループに加え、統計学やマクロ・ミクロ経済、法律、社会など広い分野の専門家や実業家が集められた出口戦略のための専門家グループGEESが結成され、「これ以上ないほどに慎重で段階的な」解除計画を４月24日に発表することが告げられた。

人間味があふれ始めた封鎖解除の日々の言葉

園芸用品店の営業を一足早く許可した理由

３月半ばからスタートした原則外出禁止の日々。ようやく長いトンネルの先に光が見え始めたのは4月半ばを過ぎた頃だった。

突然のコロナ危機でデビューしたウィルメス首相は、しだいにその重職が板につき始め、言動の端々に、彼女らしさがより強く見いだされるようになっていた。

例えば、正式な封鎖解除（5月4日）より一足早く、種苗や園芸用品を売る店と大工道具や材料を売る店の営業を解禁し、老人ホームや障害者施設への訪問を厳しい制限付きながら少しだけ許容すると発表した4月15日の晩。国営テレビに出演したウィルメス首相は、自分の言葉を紡いでこんな風に語った。


「社会の中で、最も弱い人々のことを考えて、例えば、高齢者、障害のある方、一人住まいで自分から出かけられない方たちに、ほんの少しでも思いをはせたのです。（中略）一人ひとりに封鎖が押し付けているつらさを、少しでも優しく、軽くできないかと。老人ホームや障害者施設にいる人たちだって、それまでの日常というものがあったわけでしょう。人のぬくもりを感じること、大切な家族に愛されていると実感できることが必要でしょう？　心理的な側面は、人間の基本でしょう？　私たちはみな、人間なのだから。（中略）園芸店や日曜大工ショップの営業を許容したのも同じ意味合いです。みんな、自宅に閉じこもっているけれど、季節がよくなって、外で何か前向きなことをしたいなと思うのが人情ではないかしらと」

慎重に慎重を期した解除方針

4月24日、いよいよ出口戦略が発表される日がやってきた。その日は、朝9時から始まった国家安全保障会議とGEES、sciensanoの議論が延々と続き、国営テレビはこれを伝えるために昼以降の全ての番組を返上した。これで、ベルギーの人々がどれほど解放の日を待ちわびていたかがわかると思う。巣ごもり状態の市民はテレビの前で今か今かと発表を待ち続けた。

12時間以上が経った22時。侃々諤々《かんかんがくがく》の議論を終えて首相はカメラの前に現れた。疲労の色をのぞかせながらも、大急ぎで作成されたであろうパワーポイントのスライドを的確に用いながら、ベルギーの主要公用語であるフランス語とオランダ語でゆっくりと丁寧なプレゼンを開始。開口一番、首相はこう言った。

「もう封鎖は限界になっている、ゆっくりでも起動し始める時と決断しました」

ブリュッセル旧市街には世界遺産の広場「グランプラス」がある。封鎖が1カ月半を超えたこの頃、その石畳にぺんぺん草が生えているとのニュースが伝えられ、市民のつらさはピークに達していたと思う。そして、こう続けた。

「出口戦略というのは、今まで誰も一度もやったことのない未知のことだということをわかってください。公衆衛生上の知見に基づいて、入院者数、特に集中治療室の病床占有率などの指標をきっちり透明に示しながら進めるけれど、不確実性が高く、誰も保証はできないということを覚悟してほしいのです」

段階的に本当に少しずつ解除し、状況が悪化すればいつでも後戻りがありうることを明言した。解除にあたっては「市民の健康」「社会的に脆弱《ぜいじゃく》な者を守ること」以外に、「教育を途絶えさせないこと」「経済を動かすこと」「全体的な社会福祉を全うすること」という三つの柱も考慮していると説明して市民の理解と協力を訴えた。だが、その内容は解放の日を待ちわびていた市民には、予想以上に長く厳しい抑制的なものだった。記者の質問は0時を過ぎても続いた。

この日発表された段階的出口戦略とはフェーズ1のA・Bから6段階になっており、驚くほど詳細に定められていた。ごく簡単に概要を示すと次のような感じだった。封鎖中は、最寄りでの食料品の買い出し（1人、入場制限付き、30分以内）と散歩（同じ屋根の下に住むもの2人まで）以外は禁止されていたことを前提に読んでいただきたい。

・フェーズ1A：公共交通機関でのマスク着用を義務化／布地・手芸店の営業を許可／2人での屋外活動を許可／新型コロナ以外の理由での医療を再開など
・フェーズ1B：一般小売店の営業を再開／自宅に招いていいのはいつも同じ人物で最大4人（原則テラス等の屋外）など
・フェーズ2：段階的に学校を再開／美術館などの開業を許可／結婚式・葬式の許可（最大30人）／スポーツ練習の許可（最大20人、原則屋外）など
・フェーズ3：国内旅行の解禁／飲食業の営業を許可／自宅に招いていいのはいつも同じ人物で最大10人（原則テラス等の屋外）など
・フェーズ4：プールやジム、屋内娯楽施設の営業を許可／イベントの制限緩和（屋内

200人、屋外400人）／自宅に招いていいのはいつも同じ人物で最大15人／買い物の時間、人数の制限緩和

・フェーズ5：イベントの制限緩和（屋内400人、屋外800人）

※2020年末時点ではまだフェーズ5は実現していない

首相発表では、4月半ばの時点で日に1万件だったPCR検査体制を、封鎖解除初日までに2万5000件、近い将来に4万5000件にまで拡充するとし、2億枚のマスクとフィルターを市民全員に行き渡らせること、感染クラスターを追跡する体制を整えることなどを伝えて、市民の不安をなだめようと努めた。次の段階に入る前には、必ず詳しい状況評価と次の解除の詳細、今後の見通しを発表しながら慎重を期すことも約束された。人間というものは、週・月単位の「見通し」がもてなければ、心理的に不安になるものだと考えるからと付け加えて。

首相から届いた母の日のプレゼント

石橋を叩いて渡るかのような慎重な解除だったが、解除方針にはウィルメス首相のきめ細

かな配慮がそこここにみられた。例えば、マスク着用を義務化した際は、家庭でマスクが手作りできるようにと、手芸用品店と布地店の営業を一足早く許可した。長らくお出かけができなかった市民の中でも裁縫自慢の人々はこの日、布地店や手芸店の前にうきうきと（しっかりソーシャルディスタンスをとりながら）長蛇の列を作った。ほかにも、家庭に4人まで呼び集めてもよいとする制限緩和をほんの1日だけれど早めて、5月10日からにした。この日は母の日。ベルギー人は、家族や近しい人々との集まりをことのほか大切にする。ささやかな母の日のプレゼントは、ベルギー人の塞《ふさ》ぐ心を軽くした。

首相が見せた配慮の中でもう一つ印象深かったのは、最初の発表ではなかったにもかかわらず、フェーズ1Bの際に結婚や葬儀の儀式に立ち会える人数を10人まで許可したことだ。この方針を伝えた際にその理由を記者から尋ねられると、ウィルメス首相はこう答えた。

「結婚や死別は人生であまりに大切なものであると思う。できるなら、一人で過ごしてはいけない瞬間だと信じるから」（5月13日）

病院訪問で向けられたのは抗議の背中

「私たちは彼らの声を十分に聞いてこなかった」

段階的解除が進んでいた5月16日、首相はいくつかの病院を慰問に訪れた。しかし、黒塗りの公用車が訪問先の大学病院に近づくと、玄関付近に立ち並んでいた医療スタッフが一斉に背を向けるというハプニングが起こった。その驚きの映像はAFPなどの国際通信社によって世界中に拡散。ベルギーの猛烈に高い死亡率はすでに世界中に知られていたから、医療従事者の不安と疲弊《ひへい》は想像に難くなく、背を向けての抗議は広く共感を呼んだ。

ところが、これを追及されたウィルメス首相の国営テレビでの返答は誠実そのもの。国際世論は別としても、国内では名誉挽回と信頼回復に繋がった。

「背中を向けられてつらかったでしょう？　と言ってくれる人がたくさんいます。でも、私はつらくはなかった……。というのは、その前に別の病院を視察していて、そこで医療従事者がどんなにつらい日々を送ってきたかをたくさん聞いていたから。彼らは本当に大変だったんです。肉体的にも、精神的にも。私を、本当に本当に感動させたのは、心の底を本当に打ち震えさせたのは、彼らと話した時。感情が高まって涙があふれ出てきたのです。一番大変だった頃のことを聞くのは、本当につらかったのです。背を向けられたことは、それは、『メッセージ』だと思うのです。それは、ソフィー・ウィルメス個人に向けた敵意ではなく、政治への抗議と受け止めています。私たちは彼らの声を十分に聞いてこなかったのです。私たち政治家は、すべきことをしてこなかったのです。だから、今、私たちは腕まくりをして本気で取り組むべきと思うのです」

この出来事の後、外科用マスクや防護服類の補充、臨時手当や追加休暇など、十分とは言えないまでも、医療従事者の労働環境や待遇の改善が急がれたことは言うまでもない。

「自由」に込められた首相の想い

これからは「禁止」が例外

6月8日、段階的解除はついに多くのベルギー人が待ちわびた本格的な封鎖解除を意味するフェーズ3を迎えた。
ベルギーの秋冬は日本などに比べて長く暗く寒く重い。だからこそ、ベルセゾンと呼ばれる季節（4〜8月頃）は、22時過ぎまで長い日ざしを浴びながら、屋外のテラスや庭に大勢の人々が楽しそうに集う。ベルギー人にとって、その解放感は「自由」の象徴といっても大袈裟ではないだろう。それを心から待ち望んでいたことをウィルメス首相は百も承知していたし、自分もその一人だったのだと思う。フェーズ3直前の会見で彼女はこう切り出したのだ。

「今日ここで、とても大きな次の段階に入ります。つまり、今後は『自由』が原則で、禁止されることが例外になるということです」（6月3日）

ウィルメス首相が「自由」という言葉を初めて全面に出したのは4月初めだった。以降、正式発表やテレビのニュース解説で彼女は「自由」という言葉を繰り返し使うようになった。それは政府という権力が公衆衛生の名の下に市民の自由を奪っていることに対して、常に意識して抑制的でいなければいけないと自分に言い聞かせるようだった。

6、7月の夏休みシーズンを前に「いつもと違う夏」を説明した時も、ウィルメス首相の言葉の中には「自由」への思いが込められていた。

「この夏は、いつもの夏には戻らないことを覚悟してほしい。ウイルスは危険で、可能な限り接触を制限しなければならないことを常に思い出してほしい。封鎖解除は、ウイルス拡大を制御しながら『自由』を取り戻していくというデリケートなプロセスなのです。各指標をモニタリングしながら、いつでも後戻りして引き締める可能性があることを覚悟して、みんなで進めていくしかないのです」（5月13日）

久しぶりに自由を取り戻せた6月8日、私は車に飛び乗り、ベルギーのわずか80キロメートルしかない北海沿岸まで旅し、3カ月ぶりに開店したレストランを訪れた。テラス席におそるおそる陣取って「おめでとう！　よかったね」と乾杯のポーズをとると、新たに黒いマスクつけた精悍《せいかん》なギャルソンが「ありがとう」と応えてくれた。市民の前に現れるウィルメス首相の顔も、この日以降しだいに小麦色になっていった。

緩み始めた若者にピシャリと放った言葉

「人々の連帯の努力を台なしにしたのです」

ベルギー人にとって夏は、友人や家族を自宅に招いて昼に夜にと庭やテラスで食事やBBQを楽しむ時季である。私的な集会の人数制限が15人にまで広がると、近所では肉の焼ける匂いや楽しそうな談笑が聞こえるようになった。一方で、公衆衛生の視点からは、とても看過できない大きなデモや集会も目につくようになっていた。

一つは、アメリカで始まった黒人差別や警察による暴力に反対する運動に呼応して起こった抗議デモや銅像の破壊運動だった。ベルギーは、かつてアフリカのコンゴを植民地として搾取《さくしゅ》し、アフリカ系移民を差別してきた歴史的背景がある。

ただこの時は、屋外での集まりも緩和されつつあったものの、気の抜けない状況であることに変わりはなく、デモの許可が出るはずはなかった。そこで、ウィルメス首相は違法なデモ隊や市民に対して力のこもった声で改めて感染防止への理解と協力を訴えた。

「メディアで流された（デモの）映像を見た人は、コロナ感染拡大を抑えるために努力してももうだめだと感じたかもしれません。でも、今あきらめるわけにはいかないのです。あきらめてはいけないのです。ウイルスはまだ街中にいるのです。我々自身の、そして愛する人たちの健康を守り続けなければならないのです。何度繰り返しても十分ではないのでしょう。みんなで一緒にがんばればできるはず。前を向いて前進し続けましょう。あなたと親しい方を大事にしてください。そうすればみんなを守れるのだから」（6月9日）

また、6月から7月への月の変わり目は、ベルギーの学生にとって大パーティーの時期でもある。小学生から大学生まで6月は一斉に学年末試験があり、7月1日から2カ月の長い夏休みに入るのだ。ウィルメス首相は厳しい口調で若者をたしなめ、責任ある自制を求めた。

「先週末、数百人もの若者が『フラジェ広場』のバーの周りに集って騒ぎました。この人たちは、直接・間接的に何カ月もがんばってきた人々の連帯の努力を台なしにしたのです。直接的に――最も基本的な公衆衛生ルールすら守らなかったのだから（感染が広がるでしょう）。間接的に――その様子がSNSで拡散されて、一生懸命我慢している人々をがっかりさせて

怒りさえ覚えさせたのです。（中略）

例年なら試験が終わって、夏休みに入り、屋外でいろんなフェスがある季節……若い人は『私は大丈夫』と思っているのかもしれない。でも、それは間違い。若い人にもコロナは十分に危険です。自分だけのリスクと思っているかもしれないけれど、愛する人や市民全員をリスクにさらしていることを考えてください」（6月24日）

バカンスシーズン到来で感染拡大

ただ、7月1日に封鎖解除がフェーズ4に入ると、ベルギー人にとって何より大切なバカンスシーズンが到来し、若者に限らず多くのベルギー人が車に乗って、「ヨーロッパ内」という制限付きの中、南フランス、イタリア、スイスへとあっという間に飛び出すこととなった。

見事に収束に向かっていた指標は、7月15日頃を境に増加に転向。7月23日には最終フェーズを発動できないまま、家庭に招いてもよいのは常に同一の5人までと逆に引き締められてしまった。外務省からは渡航制限や注意勧告が頻繁に発出されるようになり、帰国者にはオンライン追跡フォームの届け出が義務化。危険とされる地域から帰国した人には検疫とP

ＣＲ検査も義務付けられた。庭やテラスでのＢＢＱパーティーは再びお預けとなり、7月のウキウキ感はひっそり鳴りを潜《ひそ》めた。

だが、第一波とは大きく異なり、この時点ですでに市町村単位で詳細なデータが、いつでも誰でもわかるように実に「透明」に整備されていた。それによれば、新規感染者の大半は無症状の若者で重症者も死者も極めて少ない。ＰＣＲ検査体制はどんどん拡充されて、医療や介護、教育などに関わる人々は毎日のようにスクリーニングできるようになり、学生には唾液による簡易テストも始まった。ＰＣＲ検査体制はもうじき日に7万〜9万件にまで引き上げられる。

医療関係者の負荷を下げる努力も数カ月かけて、多角的に続けられている。帰国者やクラスターを追跡するコールセンターの拡充や検査結果の速やかな直接通知、陽性者接触アプリの導入などが次々と実施。マスクや防護装備は手頃な価格で潤沢に整い、コロナ用一般病床も集中治療病床も人工呼吸器も十二分に確保されていた。ベルギー人は批判好きだから、もちろん誰もがもろ手を挙げて評価したわけではないものの、なんとか長い秋冬に立ち向かえるような安心をそれらは実感させてくれた。

信頼を得た臨時首相は新政権で副首相に

市民に送った温かなエール

9月23日、ウィルメス首相は、首相として最後になるであろう記者会見を行った。というのも、2018年12月以来、正式な政府樹立に失敗し続けていたベルギーが、紆余曲折を経て、とうとう7党連立による組閣を成立させようとしていたからだ。コロナ担当特命臨時首相だった彼女はいよいよその任務を終えることとなった。

長い長い国家安全保障会議の末に行われた会見で、鮮やかなブルーのジャケットに身を包んだウィルメス首相は、大役を終えたようなほっとした表情も見せながら、1時間以上に及ぶ懇切丁寧な説明を行った。まず初めに、これまでの道のりを三つの段階に分けた上で我々は今、「リスクを管理しながら少しずつ元の社会生活に戻していく段階」に入ったのだと伝えた。いくつかのルールはそのまま残さざるを得ないが、今まで連邦政府が権力で制限してきたことのほとんどは、各自治体や個人のレベルの判断に任せるとした。渡航禁止地域をなくし、検疫期間を短縮し、自己判断と自発的な検査を促す。私的に集まってもよい人数は一段と拡大された。ここまで政府を信頼し連帯してがんばった市民への感謝と信頼がにじみ出ていた（一方で、のちにこの時の緩和が第二波の引き金になったとの批判も出てしまったのだが……）。

おそらくウィルメス首相の最後の記者会見となるこの日。彼女はこの半年を振り返り、最後に精一杯の言葉を尽くして信頼し連帯してくれた市民に温かいエールを送った。

「9月の国家安全保障会議は、暦の上で夏が終わりを告げる日に行われました。もうじき、寒くつらい日々がまたやってくることを私たちはみな知っています。風邪、インフルエンザ、鼻炎、その他の季節性の疾患の季節が来ます。これらと、新型コロナの症状はとても似ているのです。まったく同じではないけれど。だから、識別することが重要なので、それぞれがホームページなどで学んでください。（中略）どうか、情報を得て家族で共有して、学校とも相談して、コロナではないのに生活を麻痺させることがないように。もちろん、心配なら主治医に頼るのもよいでしょう。でも、私たち一人ひとりが賢くなって、知識を得て、判断できるようにならないといけないと思うのです。（中略）

ベルギーは、『危機管理』から『リスク管理』の段階に入りました。今日までこれを目指して進み、とうとうここまで来たのです。言い換えれば、コロナとともに生きることを学んできたのです。コロナウイルスを根絶できてはいないけれど、私たちは少しずつコロナとともに生きることがわかってきたはずです。政府としても、そして、市民のみなさん一人ひとりも。私たちはもう自らを守ることができるはずなのです。ハイリスクの状況に遭遇したら、反射的にどう行動すればいいかを体得してきたはずです。私たちの健康と未来のために、原則ルールを注意深く守らなければいけないことも、もうみな知っていることでしょう。でもこれからも伝え続けることはとても重要です。（中略）もちろん、全てに賛同してくれと言っているのではないのです。批判的な意見は民主主義にはとても重要だから。ただ可能な限りすべての機会を通じて、原則ルールを喚起し、説明してほしいのです。これは全ての科学者が合意するものですので、それを伝え続ける努力は必須なのです。（中略）

だから、どうぞ、無関心にならないでください。もしも、みながもうどうでもいいと言い出してしまったら、ルールを厳しくするしかなくなってしまうのです。みなそれぞれが、ウィズ・コロナの社会に適応していく力を見いだしていきましょう。原則ルールに盲目的に従うのではなく、コロナとよりよく共存する方法を見いだすことはできると信じるのです」

臨時首相、最後の言葉は「前を向きます」

新政権樹立のための交渉は、例によって三日三晩と続いた。ウィルメス氏が新政権でも首相続投との予測もあったのだが、結局は早々に副首相就任が決まった。コロナ禍を今日まで乗り切って来た彼女のリーダーシップへの市民の支持は誰も否定できなかったのだろう。9月30日、６５０日余りを費やして正式な内閣発足が決まった後、執務室を新首相に譲り、扉をあけて外へ出たウィルメス前首相を今日まで支えてきたスタッフがずらりと並んで拍手で見送った。中にはぼろぼろ泣いているスタッフもいた。

「泣かせようというのね、ひどいわ。でも、今日まであなたたちと仕事ができて本当に嬉しかった。あなたたちは、私の誇りです。死ぬほどがんばってくれて、大変だったでしょう。ありがとう。私は涙を見せないで前を向きます」

今度の首相はフランダース自由党のアレキサンダー・デゥクロー氏だ。最初の会見で「私たちは（国を分断せず）ベルギーとして進む。私たちはみなベルギー人だ」と語った。その内閣は男女半々で、人種的にも多様で、30代が何人もいる。トランスジェンダーの婦人科医も、イラクからの難民二世も入閣した。新首相が、副首相兼外務大臣に就任したウィルメス氏とともに、7党でスクラムを組んで、大きな言葉を振りかざすことなく、コロナの荒波に立ち向かってくれることを祈った。

繰り返し伝えた「あなたと親しい方を大事にして」

ウィルメス副首相の感染

10月1日、意気揚々と第一歩を踏み出した新政権であったが、新型コロナの第二波は、容赦なく襲いかかり、あれよあれよという間に10月半ばには、1日の新規陽性者が1万人を超える事態となった。ベルギーの人口は約1200万。単純に人口比で考えると、日本で毎日10万人以上の陽性者が見つかることに相当する。

だが、その時点では政府にも市民にも余裕が見えた。毎日定時に公表されるデータによれば、感染者の大半は60歳以下で、特に10代後半〜20代が中心。入院患者やICU患者の数も極めて低く抑えられていた。

この半年の間に、毎日7万〜9万件というPCR検査体制を整え、十分過ぎるほどの医療資材が備蓄され、病床や人工呼吸器数が増強されてきたことも誰もが知っていた。例えば、10月半ば、国営放送の報道では、人口10万人当たりのICU病床数は、ドイツが33床（実数で約2万8000床）で世界一だが、ベルギーはそれに次いで16床（1993床）、フランスとイタリアが8〜9床（それぞれ、約5800床と約5100床）と報告されていたし、その後の重篤患者の急増で、ベルギーは更に8000床を速やかに増やしたから、人口10万人当たり25床にまで届いていたと思う（ちなみに、5月の厚労省の報告では、日本は4・3床、ハイケアユニットを加えた広義の数値は13・5床としている）。

一方で、感染の広がり方の様相が第一波と異なっていたことは初動を遅らせた。第一波では、不意をつかれた医療現場が大変な混乱に陥《おちい》り、特に介護施設で多くの高齢者を救うことができなかったが、第二波はまったく異なり、当初は無症状や軽症の若者ばかり。ベルギーの大学生は平日を大学に近い下宿で過ごし、週末ごとに実家に戻る。祖父母の世代も含めた家族の関係は近しく、頻繁にゆっくり時間をかけて会食や歓談を楽しみ、ハグやキスをする。こうして実家に戻った学生が両親へ、祖父母へ広げ、今度は彼らから医療関係者へと、ウイルスは広がっていった。

入院者、重篤患者、死者があっという間に爆発的に増加し、十分だったはずの医療体制は、医療関係者への感染と疲労が盲点となってたちまち立ち行かなくなり、とうとう隣国ドイツに頼らざるを得ない事態に。第一波を自力で乗り越えてきたベルギーのちっぽけなプライドはあっさり吹き飛んでしまった。

そんな最中の10月17日、コロナ対策の前面に出ることがなくなったウィルメス副首相が、自身のツイッターで、「検査の結果、陽性でした。感染経路は家族からだと思います」と伝えた。入院し、ICU入りが報じられるとさらに緊張が走った。市民からあふれるほどのメッセージやお見舞いが届いたと伝える国営テレビのキャスターも動揺を隠せていない様子だった。外では、万全の注意を払っていた彼女だが、オーストラリア人の夫と4人の子どもたちと暮らしており、その中には、第二波の引き金となった世代の子どももいた。

さらに人々を不安にさせたのは、ウィルメス副首相の感染が象徴するように、十分過ぎるほど注意して行動してきた良識的な普通の市民が、周りで次々とコロナで倒れていったことだった。ウイルスの感染力は高まっているようにすら感じられた。

それでも、社会には第一波で学んできたノウハウと連帯があって、過剰な恐怖感や緊張感は抑えられていた。第一波の時に世界中で旋風となったような「夜8時の感謝の拍手」は起こらなかったけれど、ウィルメス副首相が病床から自身のツイッターで、医療従事者の献身的な働きぶりを伝えると、市民ボランティアが医療や介護現場の消毒や配膳作業に名乗りを上げ、昼も夜もなく働き続ける現場の人々のために、美味しい差し入れが次々と届けられた。

経験が生きた2度目のロックダウン

毎日1万人超もの新規感染者を出すようになったベルギーは、単位人口当たりの感染者数で、再び世界一の汚名を拝することとなった。こうして10月19日には飲食店が、11月2日からは一般店舗が閉鎖され、2度目のロックダウンに入った。

ベルギーでは2度目のロックダウンに入る前に、新政権が樹立して首相が交代したので、2人のリーダーの対応やコミュニケーションの違いは、誰にも顕著《けんちょ》に比較できてしまった。新首相のデゥクロー氏は若手のビジネスマンタイプで、悪いというわけではなかったけれど、生活目線での市民とのコミュニケーションが、どうも質的に違っていたと思う。それでも、暗中模索だった最初のロックダウンで獲得した社会としての記憶や連帯は持続しているようだった。

同じロックダウンと言っても、2度目はわずかばかり緩やかで息苦しさが減っていた。学校は、初等教育から中学2年までは対面授業が継続され、中学3年以上はオンライン授業となったが、子どもたちも先生も心得たものだった。前回の教訓を生かして、屋外市場や眼鏡店をはじめ、生花店や書店、ホームセンターは「心の生活必需品店」として営業が許された。

年末商戦のかき入れ時には、おもちゃや衣服、電気製品などの業界組合が、一般店舗が営業停止の中、大手スーパーでそうした商品が売れるのは不公平だと抗議すると、大手スーパーも同意して、それらの店頭販売をストップ。スーパーも一般店舗も、アマゾンに負けじと、独自の通信販売やネット販売で季節商品の販促を工夫し始めた。飲食業界では、高級レストランですら試行錯誤でテイクアウトを始めるところもあり、国内の宿泊業は営業が許され、人々は家族でキノコ狩りや紅葉狩りへと繰り出した。

2度目のロックダウンでは、隣国では激しい抵抗運動も伝えられたが、ベルギー市民は、あまりギスギスすることもなく落ち着いて巣ごもりしたように思う。なぜベルギー人は激しく抵抗することなく落ち着いていられたのだろう。マスクも消毒薬も生活必需品も決してなくなることはないと信じられたからだろうか。買い物や公共交通機関での衛生ルールや、テレワークをすでに経験済みだったからかもしれないし、十分とは言えなくても、政府は休業補償を続け、みんなで支え合えばなんとかいけると感じていたからかもしれない。

一方で、家族内感染の拡大はそう簡単に落ち着きはしなかった。特に、広いとはいえない住環境に大家族で暮らしていることが多い民族的、社会経済的な背景を持つ人々に、どのような対策ができるかは今後の課題となりそうだ。それでも、人の移動や接触、特に飲食や至近距離での交わりを減らせば、感染は抑え込めることをベルギー人は体得している。朗報が聞こえ始めていたワクチンが行き渡るまでは、医療状況を睨《にら》みながら、大好きな親しい人との歓談や会食をお預けにして、みんなで耐えていくしかないのだと。

復帰後も変わらない等身大の姿勢

10月14日に発症し、17日から入院したウィルメス副首相は、1週間以上に及ぶ集中治療室での闘病の間、本人からのSNS発信は途絶え、「意識はしっかりしている」との報道がわずかに聞こえてきただけだった。だが、国内メディアも市民も騒ぎ立てず、静かに回復を祈った。

28日、彼女は集中治療室から出たことを自身のフェイスブックで伝えた。**「容態が改善したので集中治療室を出ることができましたが、まだしばらくは治療を続けます。たくさんのみなさんからの温かい支援の言葉が私の心を打ち、力を与えてくれました」**と。この投稿には1万人を超える市民が反応し、ほぼ全員が歓びを伝えた。

10月30日には退院し、その後も自宅で療養を続けたウィルメス副首相が、公務に戻ったのは、11月も終盤に入ってからのことだった。感染してから初めて公《おおやけ》の場に立った彼女はこれまでと変わらない語り口で、気負わず、前向きで、いつも通りの等身大の姿勢が伝わってきた。

「今日から、仕事に復帰しました。みなさんの心のこもった言葉に本当に救われたけれど、この数週間はとてもつらいものでした。本当にありがとう。さあ今からは、つらかったことを忘れて、これからのやるべき課題に集中しないと」（11月23日）

普段目立つことのないベルギーは、コロナ禍で、2度も世界最悪の汚名を拝することとなった。だが、多様性が売りで、批判好きなこの国のバラバラな人々はコロナ禍で、互いを思いやり、連帯することを学習したようだ。ソフィー・ウィルメス氏が、会見やSNSで繰り返してきたこのフレーズは、市民の耳にいつも残っている。

「あなたと、そして親しい方を大事にして。そうすればみんなを守れるのだから」

第5章

専門家ファーストで黒衣に徹した政府トップ

提供：AFP＝時事

スウェーデン

ステファン・ロベーン首相

（首相在任期間：2014年10月～）

文／田中ティナ

◆田中ティナ（たなか てぃな）

旅行ガイドなどの執筆編集を経てスウェーデンに移住。在住18年。日本大学芸術学部卒。スウェーデンから日本を見直しながら、日々それぞれの魅力を実感中。現在、コーディネーターや編集者、ライターとしてサステイナビリティや環境問題、教育、生活習慣、国の制度、文化など、旬のスウェーデン事情を生活者目線で日本に伝える。スキーのモーグルやエアリアル競技の国際公認審判員として国際大会にも協力する。

【スウェーデン基本データ】（2020年12月15日時点）

- 人口：**1012万7924人**
- 累計感染者数：**34万1029人**
  （人口100万人当たり：**3万3672人**）
- 累計死亡者数：**7667人**
  （人口100万人当たり：**757人**）
- 人口100万人当たりの累計検査数：**36万7151件**
  （1人が複数回検査した数も含む）

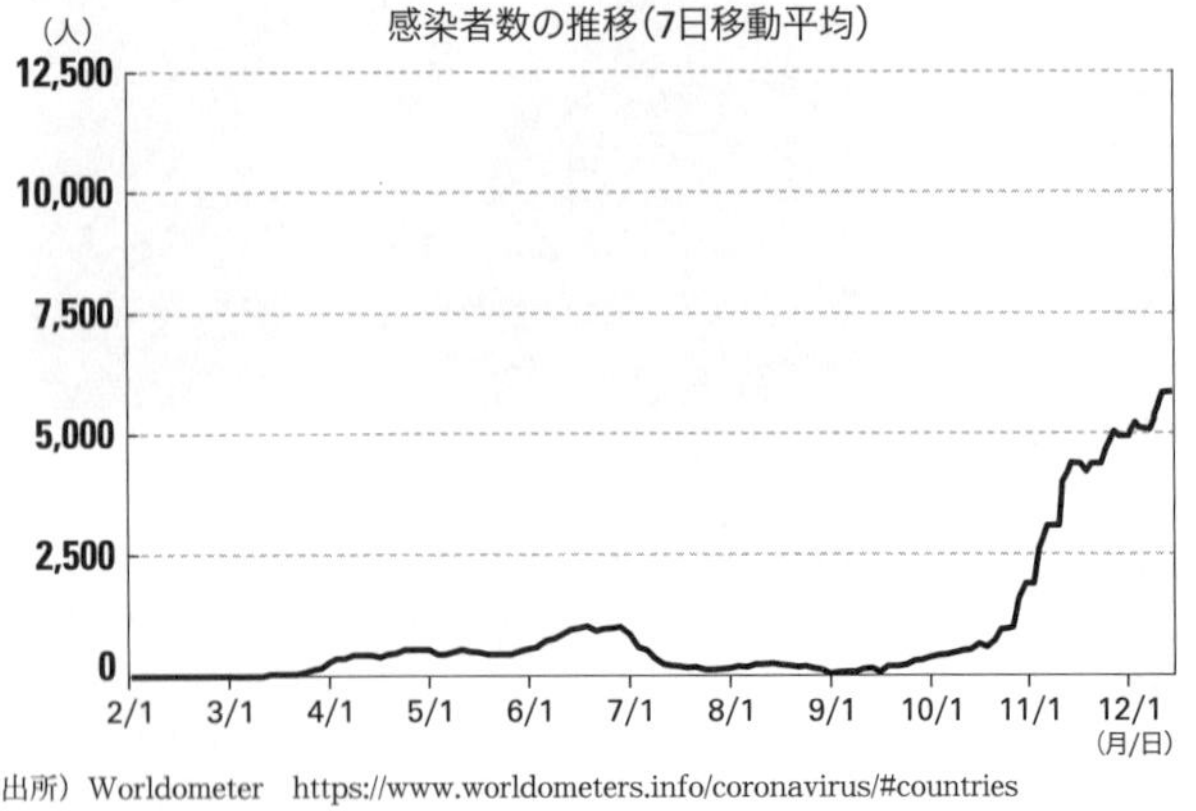

出所）Worldometer　https://www.worldometers.info/coronavirus/#countries
Dong E, Du H, Gardner L. An interactive web-based dashboard to track COVID-19 in real time. Lancet Inf Dis. 20（5）: 533-534. doi: 10.1016/S1473-3099（20）30120-1を基にグラフを作成

首相は不信任決議も出されていた

派手さはないが誠実

「この感染症を注視し、対応の仕方、情報やその伝達が効果的になされるよう危機管理評議会を開催しました。警察や軍、国民健康福祉委員会などの関係機関が情報を共有、調整し、効果的に最善の方法で問題に対応する責任があるからです。感染を最小限に抑え、医療機関が機能することを維持していかなければならないのです。そのための具体的対応は、今お伝えできませんが、必要に応じてさまざまな決定ができるように万全の態勢をとっています。一人ひとりが責任を持って自らの行動を考えるのです。当局（公衆衛生庁）のアドバイスに従って」

２０２０年２月27日、視察先でステファン・ロベーン首相はこう答えた。

前日にはスウェーデン公衆衛生庁と協議し、その日のうちに危機管理審議会が開催され、感染を常時観察し行方《ゆくえ》を見守ることが決定されていた。危機管理審議会が開催されたのは2018年に猛暑で2万5000ヘクタールもの森林火災が起きた時以来、初めてのこと。政府がどれほど危機感を持ってこの事態に対応するのか、逆に、それほどにも危ない状況なのかと意識させられた瞬間だった。

ロベーン首相はさらに、公衆衛生庁が新型コロナウイルスの情勢をデータを基に注視しており、社会福祉庁はこれから必要となる国内の健康管理に責任を持って対応することを強調した。首相の真剣な面持ちからは、事の重大さが計り知れた。

コロナ以前のロベーン首相は、リーダーとしてぐいぐい人を引っ張っていくようなカリスマ性は感じられず、どちらかというと地味な、よく言えば地に足の着いた印象を受けるタイプだった。労働組合活動から労働組合副代表となり、その後、社会民主労働党から政界入りという経歴の持ち主。スウェーデンの国政選挙は政党を選ぶ比例代表制で、一党だけでは政権の過半数をとることができず、今もロベーン首相率いる社会民主労働党は環境党などと連立政権を維持している。2018年には議会で首相の不信任決議案が可決されるなど、お世辞にも人気のある政治家とは言えなかった。ただコロナ禍の対応で信頼が増し、政党支持率も微妙な変動はあるものの維持しており、記者会見の数も増えてテレビでお見かけすることも多くなった。

紆余曲折を経たためか、会見では自分の主張の前にまずは人の話に耳を傾ける様子が多いと感じる。わからないことはわからないと言い、自分の意見を言う時は相手にわかりやすく言葉を選んで述べる。派手さはないが誠実で実直な姿勢は、このようなバックグラウンドがあるからなのかもしれない。

専門家ファーストを支えるシステム

感染防止法に「公衆衛生庁が主導」の一言

話は少し戻って１月31日、中国からの帰国者が最初の感染者として報告されたその日、公衆衛生庁は、新型コロナウイルスに対してＷＨＯやＥＣＤＣ（欧州疾病予防管理センター）と密に連携をとりながら、ウイルスの動向を観察し、緊急事態に備えて症状発生の情報を把握し対応を進める中で、このウイルスを一般的、そして社会的に危険な病気の両方にあてはめるように政府へ要請した。この時点で何者かもわからないウイルスに対して国として疫病に認定することは大げさすぎるかもしれないが、後手に回るより、いざという時に対応できるよう、今備えが必要との認識からだった。

翌2月1日、政府も即座に動いた。当局の要請に応じ、一般的そして社会的に危険な疾患に関する伝染病法の規定を新型コロナウイルスの感染に適用する規則を定め、翌2日には施行の発表をしたのだ。

スウェーデンでパンデミック対策を主導するのは公衆衛生庁だ。これはスウェーデンの感染防止法でも次のように定められている。

〈国レベルの感染管理の調整の責任と、効果的な感染管理維持に必要なイニシアティブはスウェーデン公衆衛生庁にある。データに基づいた国内外の疫学状況の監視と分析も当局が担うものとする〉

つまり日本のように専門家の意見を一部取り上げ、経済や社会全体の動向を見ながら政策を決定するのではなく、まず専門家の意見ありきなのだ。

もちろん、公衆衛生庁が感染拡大防止のために、市民がとるべき行動を勧告するだけでは片手落ちだ。ロベーン首相率いる政府が、人々の生活を維持しながら勧告を守るために経済支援や各自治体への通達など、国民や地方自治体をサポートする政策を速やかに実施することも必要である。そういった点で、ロベーン首相のリーダーシップはフットワークが軽く行政面で即座に政策として具体化することに発揮されている。

首相率いる政府と公衆衛生庁の強力なスクラム、そして透明性のある情報公開とブレない基本方針が市民に安心感を与えているのだ。

対策チームの顔、テグネル氏のトレードマーク

スニーカー　よれたシャツ　丸首セーター

スウェーデンでは専門家の意見は、社会省に属する公衆衛生庁のチームが主に発信してきた。中でも国家疫学官であるアンダーシュ・テグネル氏が専門家の顔として登場し、定例記者会見などでアドバイスやとるべき行動などを伝えている。

一躍時の人となったテグネル氏。公衆衛生庁の定期的な記者会見に加え、国内外からのインタビューにも積極的に応え、真摯《しんし》にスウェーデンの対策の目的と方法を伝えてきた。背広

にネクタイ姿の首相とは対照的な、スニーカーに襟《えり》が少しよれたシャツ、丸首セーターというラフな装いがトレードマーク。知り合いのような気どらない雰囲気だが、説明や意見は筋が通っており、専門的内容も淀みなく私たち素人にもわかりやすく話してくれる。

例えば、私たちが感染者数だけを見て、「増加しているから危ない」とおろおろしていると、**「検査数が増えているので、陽性者は増えていますが、集中治療室の利用数や亡くなる方の数も増えていないので、あまり問題ありません」**と丁寧な説明で私たちを諭《さと》す。少し早口だけれど、「専門家のいうことに黙ってついてきなさい」という押しつけがましさはなく、市民の不安を科学的データに基づいて解消してくれる姿は頼もしい限りなのだ。

安心する淡々とした語り口

多くの国とは趣《おもむき》が異なり、どちらかというとある部分では日本の対策に近い戦略をとってきたスウェーデン。もちろん例外はあるけれど、自分の権利のために相手の権利にも敬意を払うスウェーデンの個人主義は、自己中心的なわがままではなく、ほかの人を思いやる思慮深さをともない、自制的で繊細さも併せ持つ。

当局と政府は科学的データに基づいた情報を常に国民に開示、共有する。国民は当局と政府の方針を信頼し、守ることに責任を持つ。命令されるからではなく、連帯、協力してこの危機を乗り切る方法をとれるのは、この信頼関係があるからこそだといえる。

春先、スウェーデンでは毎日、数十人の感染者が確認されていたが、他国のように都市封鎖、罰金や罰則をともなう厳しい外出制限などを国民に課さなかった。とはいえ対岸の火事は我関せずと、対策を何も講じなかったわけでもない。学校のスポーツ休暇で、スノースポーツ休暇を過ごすなど海外への移動機会が増加する中、2月25日、ラジオのインタビューでテグネル氏はこう語っている。

「今のところどのようなウイルスか判明していないので、感染の広がりなど、予想をつけることが難しいです。スウェーデンにおける感染拡大の可能性については非常に少ないレベルから、低いレベル、全体で5段階のうち下から2番目としていて、イタリアでのケースのように地域で拡大する前に手を打つためには、一人ひとりの思慮深い行動が必要です」

続けて、テグネル氏は症状がある人は1177に電話して対応すること。だからといって空港で帰国者全員にテストを施《ほどこ》すのは、限りある資源の有効活用にはならないこと。海外に出かける人は外務省の指針やスウェーデンの公衆衛生庁のホームページの対処法を参考にすること。感染者の咳やくしゃみなどの飛沫《ひまつ》によりうつるこうしたウイルスに感染しないためには手洗い、人との距離の確保、顔に触らないことが大切なのだということを説明した。

短いインタビューの中では、この時点でやみくもにテストをしない理由も、テストの正確性などを含めて伝えた。どうしても移動しなければならない人へはきちんと対策がとれるよう、わかりやすく注意点をまとめたサイトを伝え、感染症拡大防止の大原則を添えることも忘れない。淀みなく語るテグネル氏の焦りを感じさせない淡々とした語り口には、安心感が増すのだった。

この日は政府もＷＨＯに対し新型コロナウイルス対策への資金の拠出を発表し、対外的な協力姿勢やヨーロッパで連携してこの難局を乗り切る意思と国民の税金を有用に活用することなど、コロナ禍を乗り切るための具体的な手段を発表した。

専門家もわからないことはわからない

３月になるとストックホルムでも患者が確認され、スウェーデン公衆衛生庁は、新型コロナウイルスの状況と対策についてほぼ定期的に記者会見を開催するようになる。

この会見には、公衆衛生庁、スウェーデンの医療体制を統括し地域の病院施設などを運営する保険福祉庁（社会庁）、そして緊急事態や危機における市民の保護、公共の安全などを担当するスウェーデン市民緊急事態庁（ＭＳＢ）から担当者が参加し、科学的データに基づいた状況分析などが報告される。例えば、保険福祉庁なら全国規模もしくは各地方での集中治療室の占有状況やそのうちコロナ患者の占める割合、地域の医療機関との連携などを、ＭＳＢならコロナによる社会的状況や環境、病院など仕事場の安全確保などについての情報をあくまでも淡々と伝える。

質疑応答時には、専門分野だけに答え、それ以外は知ったかぶりをせず憶測では物を言わずに、同席する担当者にバトンタッチする。そして、わからないことにはわからないと答え、その後データを分析してフォローする。多くの市民がパニックにはならず冷静に状況に対応することができたのは、彼らのプロフェッショナリズムのなせる業《わざ》だと思う。

３月11日、公衆衛生庁が政府に対して５００人以上の集会を中止するよう要請を出すと、12日には政府が５００人以上の人が集まるイベントの禁止を通達した。筆者は13日からのスキーワールドカップの審判として大会現場にいたのだが、選手、役員すべての準備が整い、規模的にも５００人以上でもないし、人との距離のとれる外での競技会だし、ここまでくれば大会を待つばかり、と信じていた12日夕方の会議で、開催地組織委員会が大会中止を発表した時には、いよいよここまで迫ってきたのかとコロナ禍の猛攻撃ぶりに唖然《あぜん》としたものだ。

ゆっくりと喋るロベーン首相の意図

信頼するテグネル氏、それに応える市民

3月に入ると、スウェーデン国内の1日の感染者が3桁を超える日も少なくなくなった。そんな中、3月16日の公衆衛生庁の会見で、テグネル氏は聞いている人が不安にならないように重要ポイントでは語気を強めながらも、落ち着いたトーンで個人がとるべき具体的な行動を説明した。

「ほかのヨーロッパ諸国ほど感染は広がってはいませんが、話し合いを重ねた結果、今注意を喚起することが重要という結論にいたりました。人との接触をできるだけ避けるために、個人ができることをお伝えします。咳、鼻水、熱、頭痛、筋肉痛などの症状がある時には自宅で過ごしてください。そして、症状が治まって元気になったと感じても2日は自宅で過ご

してください。自宅にいるということは人との接触を厳しく制限するということです。そして、最も重要なことですが、重病になりやすい主に70歳以上の方、親戚などとの接触は極力避けてください。隔離されることはお年寄りでなくてもつらいものです。隔離期間をできるだけ短くするためにも、今、対策しなければならないのです。

高齢者施設での感染を防ぐ手立ても守ってください。高齢者施設で介護に携わる方は症状がある時には通勤しないように。また親族も症状のある時には絶対に施設を訪問しないようにしましょう。エピデミック（ある地域や社会で感染症が流行すること）の状況によって期間は変わってきますが、今はいつまで続くかわかりません」

言っていることはどれも難しいことではない。個人の自由移動の権利を奪わずにできる対策は各人の責任を持った行動にかかっている、それがスウェーデン市民にはできるのだ、私はあなたを信じていますと、テグネル氏は伝えているのだ。

日常生活に制限がかかり、必要以外は街を出歩かないようにとの要請が出ると、街中からは人影が一気に消えた。レストラン業はテーブルとテーブルの距離をとる、着席でサービスするなど、きちんと対策をとれば営業を続けることができたが、それでも客の数は激減。スーパーマーケットでは、入り口にアルコール消毒液を置く店も登場し、レジなどには立ち位置を示すマークが貼られるようになった。地域によってはパスタ、オートミールなど乾物が数日棚から消えた日もあったという。

一方でストックホルムなどでは、テグネル氏の信頼に応えるかのように、消毒が済んだ朝一番、人の少ない時間帯に高齢者の買い物が優先されるように。また、自宅隔離の方のサポートとして赤十字などから買い物ボランティアの登録が始まり、フライト数が極端に減って仕事が少なくなった航空会社では、キャビンアテンダントが、介護の臨時職員として働くこともあったという。外食産業を助けようと、テイクアウトでの協力を、という声が聞こえてきたのもこの頃で、「お互いさま。できることをできる人ができる時に」という連帯の意識で人々が孤立せずに繋がった瞬間でもあった。

通常授業は包括的なリスク検討の結果

3月18日、ロベーン首相も参加した記者会見で、政府は高校以上の教育機関にディスタンス教育を奨励するが、保育園から中学レベルまでは通常通りの授業を行うと発表した。

これは、医療機関、行政、公共交通などエッセンシャルワーカーの方々が、人々の生活を維持するために仕事を続けられるようにすることと、若年層の感染や重篤化が高齢者に比べて少なかったので、感染のリスクと教育を受ける権利、友だちと会えないことなどによる精神的マイナス面を考慮しての決定だった。また、仕事に行く両親の子どもをおばあさんやおじいさんが面倒見るのは高齢者を感染リスクにさらすことに繋がることも理由の一つだった。

学校給食センターで働いている友人は、学校が開いている限り通勤が必要なので、子どもを優先的に預けることを保証されていた。このあたりの対策も含め、政府と自治体は一丸となってコロナに対応していたのだ。それでも、通学する子どもたちは、教師が注意しても、なかなか距離をとることに慣れず、食事の時は今まで通り、大テーブルでぺちゃくちゃお喋りしながらだったというけれど。

症状があれば仕事に行かず自宅隔離するという要請に市民が大きな反発なく従えたのも、経済的な損失に苦しまずに、ゆっくり養生することができる休業補償が整っているからである。満額ではないものの、それまで休んで２日目から出る補償が１日目から出るように調整され（３月11日より）、失業者を増やさないように企業への融資プログラムが３月下旬には打ち出された。この首相の素早い対応には「やる時はやるなぁ」と感心したものだ。

移民にも配慮した話し方

3月19日、不要不急の国内旅行を控えるよう政府が発表した。

医療崩壊を防ぐため、集中治療病床は526床から1100床と2倍以上に増設され、軍が野戦病院用のテントやベッドを病院の外に設置するなど、いざという時のための準備が進められた。

そうして3月22日、ロベーン首相は21時から、テレビで丁寧にゆっくりと言葉を選びながら市民に語りかけた。スウェーデンは移民が多く、スウェーデン語が母語でない人にも配慮した口調だった。

「新型コロナウイルスはスウェーデンを、私たちの社会、そして同胞である私たちを試しているのです。今、みなが精神的に備えなければなりません。

スウェーデンで感染が広がっています。命、健康と仕事が脅威にさらされているのです。より病気の方が増え、愛する人に別れを告げざるを得ない方も増えるでしょう。これに唯一対処する方法があるとしたら、この危機に社会全体で、みなが責任を持って、お互いの、そしてこの国のために対処することです。(中略)

多くの方が不安になっているとわかっています。それは理解しております。これからの数カ月はストレスがたまることでしょう。それでも、私たちの社会は強いのです。（中略）首相として、私の率いる政府は多くの命、健康と仕事をできる限り守るため、必要な決定をしていきます。（中略）この先、時には、事前予告なしに出されるであろう、日常生活が今以上に混乱させられるような煩《わずら》わしい決定に覚悟してください。

政府の仕事の目的は、一度にとても多くの方が重症化しないように、感染拡大を抑えることです。また、医療機関の資源を確保し、この厳しい時期にあなたとあなたの企業の損失を和《やわ》らげることも含みます。この状況が長期にわたることを覚悟してください。（中略）

人生にはいくつか運命を左右するような重要な局面があります。自分自身のためだけではなく、あなたの周りの環境や人々、そして国のために犠牲を払わなければならない時です。それが今なのです。（中略）老いも若きも、お金がある方もない方も関係ありません。誰もが自分の役割を果たす必要があるのです。（中略）

そして大人たちは、大人らしく行動する必要があります。パニックや噂を広めてはいけません。（中略）

多くの方が仲間のためにできることを実践されていることを目の当たりにするたびに、ス

ウェーデンの首相であることが誇らしく思えるのです。（中略）
スウェーデンにいるすべてのみなさんが、一人ひとり責任を持って、ほかの方の健康を守り、助け合うことに全力を尽くし、その結果としてこの危機が去った後、ほかの方、社会そしてスウェーデンに対して果たした努力と役割を誇りに思うことができると確信しております。ありがとう」

以上約5分間のスピーチを感謝の言葉で締めくくったロベーン首相。スウェーデンの国旗をバックに、カメラ越しにしっかりアイコンタクトしながら、決して流ちょうではないけれど、それ故に実直さが伝わる話しぶりで、みなが果たすべき役割とその理由を伝えてくれた。
誠実な人柄からは、私たちに犠牲を強いなければならない覚悟と、そのコロナ対応への決意が伝わってきた。今までの日常のようにしたいことをしたい時にするのではなく、行動の前にいったん新型コロナウイルスを意識し、責任ある行動を考えることを自覚したのはこの時だったように思う。「このウイルスに関してはテグネル氏がスウェーデンの顔で首相は黒《くろ》衣《こ》のよう」と言った友人がいたけれど、この時ばかりはロベーン首相の存在が意識された。

タトゥーにまでなったテグネル氏の紳士的な姿勢

都市封鎖をしない理由

多くの国々が国民の自由に移動する権利を制限する中、スウェーデンは市民のモラルを信じて、刑罰をともなわない方法で対策してきた。移動の自粛もその一つ。これは要請ベースであり義務ではなかった。

都市が封鎖されないことにはスウェーデンの基本法が関係している。個人の権利と自由を守ることに関する基本法2章第8条には、「スウェーデン市民は誰でも国内を自由に移動することと国外に出ることを保証される」とあるのだ。自由な移動の制限には、市民をある場所に留まるように強制することも含まれ、理由をともなう小規模の規制ならともかく、都市封鎖のような大規模なタイプは、その権利を妨げるものとみなされる。加えて4月には、テグネル氏がロックダウンについて質問を受けてこう語ってもいる。

「私たちが目指しているのは、数カ月にわたって続けることができるような、持続可能な対策です。新型コロナウイルスは、すぐに消え去るようなものではありません。国境を閉じたりしてこのウイルスを防ぐことができると考えている国はいつか間違っていると証明されるかもしれません。私たちはこの病気と共存することを学ぶ必要があるのです」（4月28日）

ここまで理由を挙げて説明され、都市封鎖しないことに納得しない人がいるだろうか？もちろん、自らの意見を表明する権利は誰にでもあるので、「テグネル氏の判断は緩すぎる、もっと厳しい対策を」という声も上がったが、彼の方針はブレることなく、現在にいたっている（11月、感染拡大にともない政府が公《おおやけ》の場での集会を最大8名までと、人数制限を引き下げた。それを受け、いくつかの自治体でより厳密な自粛要請が出されているが、夜間外出禁止令のような規制は見られない）。

死者の9割が70歳以上

こうして科学的データに基づき専門家ファーストで、自由をできるだけ守りながら独自路線を歩んできたスウェーデンだが、その対策がすべてうまくいったわけでもない。予期せぬことに高齢者施設で感染が広がってしまったのだ。スウェーデンでは4月6日の時点で、新型コロナウイルスで死亡された方の約9割が70歳以上で、その約半数が高齢者施設で暮らしていた方だった。

この事態には、テグネル氏も5月6日の会見で、「高齢者施設での新型コロナウイルスの感染拡大で、多くのお年寄りが亡くなった。お年寄りを守ることを目標の一つにしていたにもかかわらずだ」と語っている。ただ、これは戦略に対してではなく、介護システムの現場の問題を認識しての発言だろう。というのも、スウェーデンでは医療は県が、高齢者施設は市町村が運営しており、新型コロナウイルスの施設内への侵入を阻止する手順など、医療現場では広く知られていたことが、介護の現場には第一波の時点で伝わっていなかったのだ。

さらに、在宅介護の現場でケアマネージャーとして働く友人は、「高齢者施設では休業補償の対象とならない時給で働く臨時職員もおり、彼らは経済的に困るので症状があっても休まず通勤していたようです。施設を掛け持ちして働くケースがあったのも感染拡大の一因かもしれません。臨時職員にはスウェーデン語を母語としない移民も多く、正社員と臨時職員の情報共有も難しかったですし」と、介護現場の働き方にも問題があったことを教えてくれた。高齢者の死亡者数増加には、都市封鎖しなかったからではなく別の理由があったのだ。

記者会見ではテグネル氏の言葉尻を捉え、「高齢者施設での感染拡大は方針が間違っていたからではありませんか？」と対策の失敗を認めさせようと追及する記者もいた。だが、テグネル氏は死亡者数が多くなったことについては幾分悔しそうな面持ちだったものの、公衆衛生庁の方針が間違っていたのではないことを、相手が納得して質問をやめるまで、感情的にならないで言葉を尽くして説明した。

売られた喧嘩はするりとかわす

4月1日からは、相手国の状況に応じた渡航制限の変更が続き、公衆衛生庁は、個人や事業主がとるべき対策、ショッピングセンターなど人の集まる場所や公共交通機関などでは距離をとること、大規模の集会やスポーツ活動の制限、自宅勤務の奨励などの具体的対策を勧告した。さらに、16日には感染予防に必要があれば、ただちに商業目的などの施設や交通機関などの一時閉鎖措置もとれるよう国会で決定された。

こうした具体的な対策を見れば、厳しいロックダウンをしないからといって、スウェーデンが集団免疫獲得を戦略として掲げているわけではないことがよくわかると思う。ところが4月7日、トランプ大統領は記者会見で「スウェーデンは集団免疫戦略を採用（公衆衛生庁は否定）していたので、非常に深刻な苦境に陥《おちい》っている」とのコメントを発した。

何とも的外れなコメント。翌日にテグネル氏もこのトランプ大統領のコメントに対してこう切り返した。

「いいえ、私たちはその意見を尊重しません。もちろん他国とは異なる苦境にはありますが、世界中でみなが苦しんでおられるでしょう。国内の医療関係者への負荷は多大で、現場は大変なストレスですが持ちこたえており、スウェーデンの医療は世界でもトップクラスです」

喧嘩を売られても、断固とした態度はとるものの、相手を挑発せずにするりとかわす。冷静に状況を説明する姿はまさにジェントルマンで、そんなテグネル氏をタトゥーに彫《ほ》り込むテグネルファンも出現した。

そもそも現地に暮らす私には、スウェーデンが集団免疫戦略をとっているとなぜ勘違いされたのかも最初はよくわからなかった。テグネル氏は会見やインタビューの場では繰り返し、対策の目的について「必要な人に必要な医療が適切に提供することができるよう医療崩壊を防ぎ、感染者数の急激な増大を防ぐこと、高齢者など重症化しやすい方を守ること」だと説明していたし、何より「集団免疫獲得を戦略の目的としたことはなく、それは一つの結果となる」と、はっきりと述べていた。この頃は日本の報道機関でも「集団免疫を目指すスウェーデン」というような見出しが躍《おど》っていたと思うのだが、その話を初めて聞いた時は心底驚いたものである。

それに、免疫ができるのか、抗体がどれほど持続するのか、再感染するのかなど、この時点でエビデンスをともなうデータのない新型コロナウイルスを相手に、「スウェーデンは集団免疫獲得を目指しています」と、科学的根拠に基づく判断を示してきたテグネル氏が言うはずがないではないか。

出どころのはっきりしない理由に基づく判断に人は懐疑的にならざるを得ない。特にスウェーデンでは小学校のころから、自分で考え、自分の意見を発言する、そして判断した理由、データの出どころを確かめることなどを教育として重要視している。人の意見を鵜呑《うの》みにせず、思い込みや思い入れで判断せず、情報を確かめることの大切さを訓練されているのだ。

暗記物や答えがはっきり出る科目ではないので、先生にとってはそのあたりの能力評価や生徒への気配りが大変なようで負担も多そうだが、このような教育の下地があるからテグネル氏の説明にも納得して実践し、ロックダウンなしに感染拡大による医療崩壊を防げているのだろう。スウェーデンのマスク事情についても同じことがいえる。

マスクは推奨しない

スウェーデンでは第一波の真っただ中でも、ランチタイムにはハンバーガーショップに人が出入りし、街の大広場では隣同士で座って陽だまりの中で人々が憩《いこ》っていたが、マスクを着用している人は少なかった。政府も、マスク着用にもともと不慣れなヨーロッパ諸国でも徐々に公共の場でのマスク着用が求められていた中、義務どころか推奨もしていない（1月7日より公共交通機関で混雑が避けられない場合にはマスク着用が推奨された）。なぜ厳しい人の移動を制限してもいなかったスウェーデンでマスクの着用は求められなかったのか。テグネル氏のこの時点でのマスクに対する見解はこうだった。

「人との距離がとれない時には有効かもしれませんが、マスクをすることですべてが解決するわけではないのです。マスクをしたから大丈夫と気が緩み、最も大切な手洗い、人との距離をとることを疎《おろそ》かにする方がよっぽどマイナスです」

「人との距離をとれない密な状態を避けることで感染予防となるのです。症状がある時にマスクをして外出することはあってはならないのです。また、正しく着脱しなければ、使用し

たマスクを触った手で目や鼻を触れると、そこから感染する可能性もあります」

マスクの効能を否定しないが過信もしない。WHOがマスクの効果を発表して以来、ことあるごとに海外と比較され、マスク着用の義務化について繰り返し質問されても、テグネル氏は、効果はあるものの、マスクさえすれば百人力ではないことを忍耐強く繰り返す。まさにスウェーデンの教育が目指すものと同じ姿勢。人の意見を鵜呑みにせず、マイナス面も考慮し、スウェーデンの公衆衛生庁として出された答えに、私たちも納得して、マスクを過信せず、まずは人との距離と手洗いに気をつけようと思えた。

叱るのは私の仕事　会見で見せた首相の大人な対応

「国内の移動は自由です。基本方針を守るなら」

6月4日、夏休みを前に記者会見でロベーン首相は、5月13日以降、「車で2時間程度の距離まで」としていた国内の移動制限を、6月13日から全国的に解除する方針を発表した。待ちに待った夏休み。大人も含めて国民は浮かれ気分になったが、会見でロベーン首相は、ぎょろりと目に力を込めながら「発熱、咳などの諸症状がなく健康であれば、国内移動は自由にしてよい。ただし、移動中も滞在先でも人との距離をとる、手洗い、70歳以上でリスクの高い人との接触を避けるなど、これまでの基本方針はきちんと守るならば、ということだ」と大人な一言。国民に釘を刺すことを忘れなかった。

また、6月14日にテレビのインタビューで、司会者からヨーロッパ諸国の感染者数を引き合いにスウェーデンの戦略は失敗か成功かを質問された時は、「一つのデータを切り取ってスウェーデンの新型コロナウイルスへの対応が失敗であると判断するのは時期尚早だ」と、ロベーン首相は冷静に司会者を諭した。続けて他国の新型コロナウイルス対策についても意見を求められたが、「他国で感染者数が増加しているからスウェーデンの対応がより良いのだ、と目先の数字のみを比べて一喜一憂しても意味がない」と、他国の政策に敬意を払い各国の対策に優劣をつけないで、ここでも大人の対応で受け流す。

政治的な背景があるとはいえ……いや、逆にあるからこそ相手を貶《おとし》めるような発言を慎《つつし》む姿勢には好感が持てた。

首相やテグネル氏には、時に言葉尻を捉えて、白黒をつけようとする意地悪な質問も飛んでくるが、声を荒らげずに冷静に応答する姿とぶれない方針、そして、わからないことにはわからないと答える潔《いさぎよ》さには信頼が集まっている。

第二波の真っただ中でも「生きる楽しみは必要です」

繰り返し言われるからこその信頼感

10月20日、公衆衛生庁が毎週火曜と木曜に行ってきた定例記者会見において、テグネル氏は世界の、そしてスウェーデン主要地域での感染状況、医療機関の使用状況などについて、いつものように淡々と事実を説明した後、中部の都市ウプサラについてこう話した。

「地域によって、感染状況は異なります。特にウプサラの感染状況ですが、現時点で感染者数が5117人。直近14日間の10万人当たりの感染者数は207人と過去にないほど急上昇しています。同エリアではコロナの治療を受けていらっしゃる方が33人、さらに8人が集中治療室に入っておられます。より厳格な勧告を出すことを決めたのは、コロナ感染による集中治療室などの占有が増加しているからなのです」

夏休み明け、人々が仕事などに戻ってきてからも感染者数や死亡者数はある程度抑えられていたのだが、10月になって、ウプサラを筆頭にいくつかの地域において感染者数が急激に増えてきたことでの判断だった。もちろん、今日になっていきなり提言を決めたわけではなく、ここ数週間じわじわと増えていく数字を見極めながら、地域における行動規則の策定を検討し、発動する時期を慎重に探ってきた結果、準備が整い、勧告そして施行することが可能となったのだという。その時のテグネル氏は、今まで公衆衛生庁と政府の要請に応じて行動を制限することで新型コロナウイルスに立ち向かってきた国民に、それ以上の制限をお願いすることに、後ろめたさがあるような、けれど言わなくてはならないというような、切羽詰まった様子で、見慣れない姿に私は驚いた。そしてテグネル氏はこう続けた。

「ウプサラの専門家とも検討を重ね、以下のような勧告を、今後変わるかもしれませんが10月20日から11月3日まで出すことにしました。（中略）

一緒に住んでいる人以外との物理的な接触を避けること。これは人との距離を1メートル以上とることを意味します。

パーティーなどの社交的な集まりを手配したり、参加したりすることを控えること。

店舗やスポーツ施設、職場などでは今までと同様、一度に集まる訪問者の数を最小限に抑えるなど、人との距離をとるための対策を講じてください。

公共交通機関の利用をできるだけ避けてください。

雇用者には働き手に在宅勤務を奨励し、その機会を増やすよう強く求めます」


「社交的な集まり」には学生の催すパーティー、アフターワークで同僚と一杯、トレーニングジムや会社での休憩所なども該当するという。

追加項目を伝えるとテグネル氏は、続けていつものように、感染拡大を防ぐために一人ひとりができる具体策を繰り返した。体調が悪い時には自宅にいること、70歳以上の方との接触を避けること、手洗い、人との距離をとること、在宅勤務、大人数での集会を避けること、症状のある時にはテストを受けること――。

こうして見ると、個人が実践できる対策について言っていることは、テストを受けること以外、春から代わり映えしないことばかりだ。同じことをまた言っていると聞き流している人もいるかもしれない。けれど反対に、専門家が毎回同じことを繰り返すことで、各項目の重要性を改めて認識できるのではないか。半年以上、指針がブレないことには信頼感も生まれてくる。

「自由」のために模索し続ける

定例記者会見はいつものように、質疑応答の時間となった。

記者からは忖度《そんたく》のない質問が飛んでくる。ほかの国でやっているようなロックダウンを、ウプサラに取り入れるという案はないのですか、という質問にテグネル氏は、「今回のウプサラへの措置はロックダウンではありません。（中略）私たちはリスクのあるエリアにフォーカスし、リスクのある活動・状況に鋭く対応しようとしているのです」と答え、続けて「家族以外の他人とのフィジカルコンタクトがともなうスポーツについての判断はケースバイケースですが、子どもたちにとって体を動かすことは大切です」と、運動が思うようにできない子どもたちへの配慮も見せた。このようにテグネル氏が子どものスポーツを制限することのマイナス面を強調したことで、政府の要請より厳しい規制を提言している自治体では、人の集まることを制限する中、提言に２００５年以降生まれの子どものスポーツ練習は例外とする旨を盛り込むところも出てきている。

また、10月10日の会見では高齢者への思いを語る場面もあった。

「お年寄りが4月1日からお願いしてきた自主隔離により、寂しい思いをされていることは十分理解しています。どのようにしたら安全に、愛する人ともう少しコンタクト、スキンシップをとることができるのか、70歳以上とリスクグループの方がもう少し社会で自由に移動できるのか、彼らへの制限の要請内容を見直す作業をしているところです」

隔離によって孤立することで肉体的、精神的ダメージ受けている方々の気持ちを思いやるテグネル氏がそこにいた。終わりの見えない新型コロナウイルスの封じ込めに、社会と個人のプラスとマイナス面を検討し、最も有効な手立てを状況に応じて打ち出す。杓子定規ではない柔軟な対応は人の健康を思いやるからこそではないだろうか。過度な自粛が見直され、この頃には、スーパーマーケットの前で、歩行補助器で距離をとりながら笑顔で会話するお年寄りを見かけるようになった。

一事が万事、なんでもダメダメ、というような過大な規制をやみくもにかけ、人々に精神的なプレッシャーをむやみに与えるのではなく、リスクを抑えながら行動範囲を広げることも可能なのだ。医療機関の圧迫が懸念される地域ではより厳しい規制を導入する。同時に、人々の健康状態を多角的に分析し、高齢者の自宅隔離を軽減するなど必要以上の制限は行わない。

人々は状況に応じて、勧告の意味を適切に判断し、行動することが求められているのだ。

「ウプサラからほかの地域への移動、またウプサラへの移動制限も考えましたが、私たちは共同評価し今はその時期ではないと判断しました。また、子どもたちの通学も今まで通り続けます。ほかの地域でも感染拡大にともなう医療機関の圧迫が起こりうる状況になれば、同じような対応をとることになるでしょう」（10月20日）

頭ごなしに命令し、言われたからそれを守るのではなく、アドバイスを理解し、自ら判断して行動する。個人の責任ある行動を促されるのは、決して悪い気はしないものである。

皆目見当のつかなかったコロナ禍を生き延びるための希望の光をともしたのは、スウェーデン公衆衛生庁の顔ともいえるテグネル氏といっても過言ではないだろう。もちろん彼一人の功績ではないけれど。

呼びかけた。

感染拡大の最中に制限緩和

10月22日には、ロベーン首相もスウェーデンの第二波を乗り越えるべく、国民への協力を呼びかけた。

「世界でも感染が急拡大し、医療機関への圧力が高まっています。将来のため大切なのは今やるべきことをそれぞれが的確に実行することです。今誤った方向に進めば明るい未来はないのです。国民のみなさんが終わりの見えないようなこの状況に疲れていることは重々理解しています。それでも、パンデミックの真っただ中にいる今を乗り切るためには、諦めずに一人ひとりが自分の行動に責任を持たなければなりません。気を抜かず、リスクを冒《おか》す行動を慎み、奨励されていることを順守しましょう。（中略）

本日政府はナイトクラブへの規制を強化することを決定しました。ナイトクラブでは大勢の方がダンスフロアなどで距離をとらずに楽しんでいるという報告が上がっています。規則に従う機会はあったのに、それを守らなかったのです。

片や医療従事者は朝夕を問わず緊張の中、真剣に仕事に従事しています。ナイトクラブで羽目を外している様子からは医療従事者に対する敬意はとても感じられません。これはあってはならないことです」

言葉のトーンは落ち着いているものの、ロベーン首相の目はいつになく厳しく、自己中心的な子どもを叱る父親のような威厳が感じられた。普段は穏やかな人柄だからこそ、静かに怒るその姿からは本気度がより伝わった。さらに首相は、レストランやカフェ、バーなどは今まで通り、人の密集を避けるような対策をとる規則を順守しつつも、営業を続けることを促し、スポーツやコンサートなどの入場制限についても言及した。

「着席の場合、最大300人とします。9月には500人との案もありましたが、300人です。11月1日から施行します。これはあくまでも最大制限人数であって、それぞれの地方で自治体が医者と協力し、最大人数を300人以下にするなど、状況に応じた勧告を行います。着席以外の場合は、今まで通り、最大50人以下です。

公衆衛生庁は、ウプサラなど、限定的に特別な勧告を出しています。それは守らなければなりません。一人ひとりが、自分の地方の勧告を守ってください。そして今回の人数制限拡大は、文化とスポーツ関係者が感染防止策に責任を持つことが重要です。それぞれが責任を持って行動されると確信しています。スポーツ競技場や劇場などは、特に人の出入りする際の感染対策がカギになると思いますが、万が一それらの運営がうまく機能しなければ、政府は人数制限を最大50人までの勧告に戻すことも考えています」

個人が責任を持って行動すれば、最低限の行動制限で日々暮らすことができる。しかし、責任のない行動をとるならば、それ相応の規制をかけざるを得ない。あなたはどちらを選びますか、と首相は国民に暗に問いかけた。自分たちの楽しみのために、自らのそしてほかの人の健康を危機にさらしてもいいのですか、と。

感染拡大中にもかかわらず、人数制限を増やすとは矛盾しているように聞こえるが、300人にすることについて感染拡大のリスクは高くないとの判断だ。10月22日の会見で最後に語ったロベーン首相の言葉が今でも記憶に残っている。

「以前のような生活ではありませんが、生きるための楽しみは必要です」

危機対応に際して、当局の要請がいつ変わるかもしれない状況の中、ロベーン首相は冷静沈着だった。常に準備を怠《おこた》らず、公衆衛生庁の要請を法律に則って即実行に移す。11月5日には、首相の身近な方に感染者が出て濃厚接触者となると、フェイスブックでその事実を公表し、自主隔離に入った。有言実行。お手本を示されれば、首相への信頼感はおのずと増すというものだ。

11月16日、「公の場での集会を24日から最高8名に制限します。一人ひとりが責任を持って、感染拡大を止めるための手立てを実行してください」と、ロベーン首相は市民にさらなる犠牲を強いる苦渋の決断を発表した。新型コロナウイルスの魔の手は人と場所を選ばず、11月26日にはカール・フィリップ王子と配偶者のソフィア妃も陽性となり、自主隔離に入った旨が報道されている。

さらに12月に入っても、新規感染者数の増加は止まっていない。12月14日には、ＭＳＢ（スウェーデン市民緊急事態庁）から携帯電話所有者全員に向けて一斉にメッセージが送られ、今一度、感染をストップするためにできること、すべきことについて注意喚起もされている。

年末から開始予定のワクチン接種には一筋の希望が見えたものの、まだまだ未知の領域が多い新型コロナウイルス。手ごわい相手に対し、国民に制限を要請するだけではなく、自ら責任を持って行動するロベーン首相の今後の手腕に期待している。

第6章

アンチサイエンスが招いたパンデミック

提供：AFP＝時事

アメリカ
ドナルド・J・トランプ大統領
（大統領在任期間：2017年1月〜2021年1月）

文／片瀬ケイ

◆片瀬ケイ（かたせ けい）

東京の行政専門紙記者を経て、1995年に渡米。カンザス大学よりジャーナリズム修士号取得。ジャーナリスト、翻訳者。現在はアメリカ人の夫とともにテキサス州に在住し、アメリカ在住歴は25年。アメリカの政治社会、医療事情などを共同通信47NEWSをはじめ、さまざまな日本のメディアに寄稿する。「海外がん医療情報リファレンス」に翻訳協力するとともに、Yahoo!ニュース個人のブログ「米国がんサバイバー通信」のオーサーも務める。

【アメリカ基本データ】（2020年12月15日時点）

- 人口：**3億3188万6264人**
- 累計感染者数：**1694万3897人**
  （人口100万人当たり：**5万1053人**）
- 累計死亡者数：**30万8091人**
  （人口100万人当たり：**928人**）
- 人口100万人当たりの累計検査数：**67万2480件**
  （１人が複数回検査した数も含む）

感染者数の推移（7日移動平均）

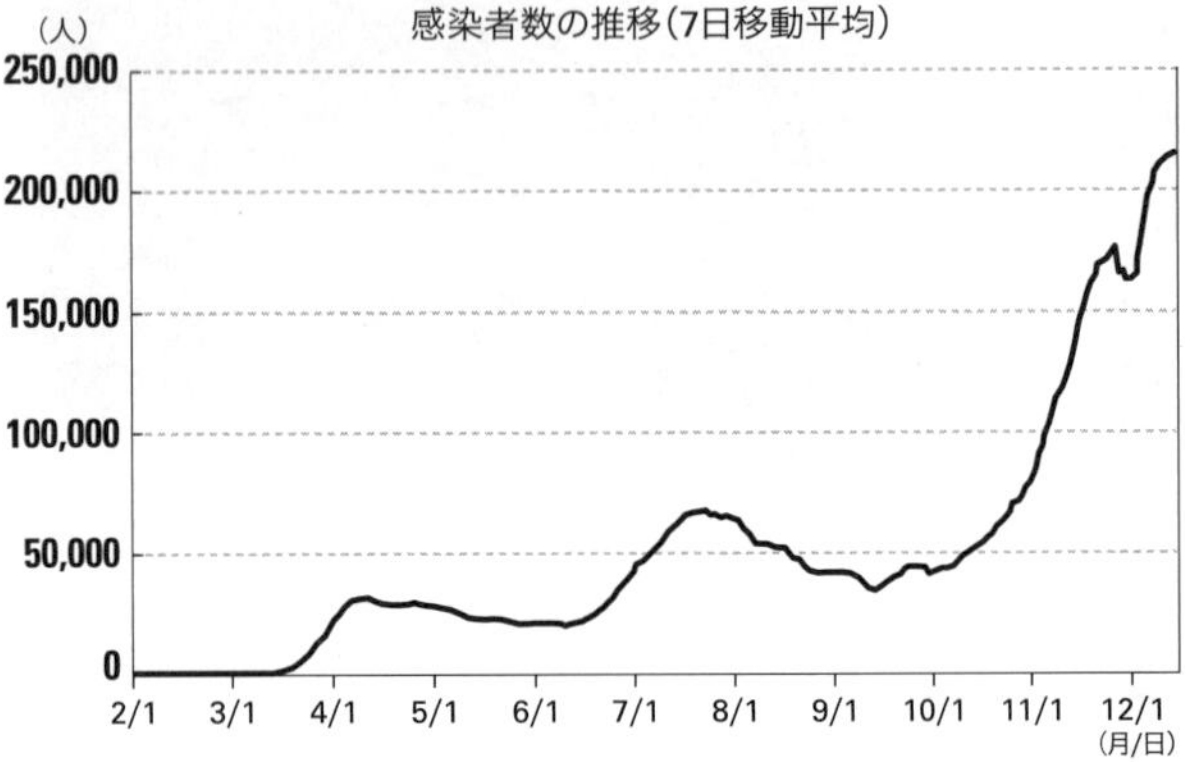

出所）Worldometer　https://www.worldometers.info/coronavirus/#countries
Dong E, Du H, Gardner L. An interactive web-based dashboard to track COVID-19 in real time. Lancet Inf Dis. 20（5）: 533-534. doi: 10.1016/S1473-3099（20）30120-1を基にグラフを作成

百年に一度の危機に直面した型破りなリーダー

「直観力」が売りのタレント大統領

新型コロナウイルスのパンデミックという「百年に一度の公衆衛生の危機」に直面した時、アメリカは「百年に一度現れるかどうか」という型破りなリーダーに翻弄《ほんろう》されていた。多数のカジノやホテルを経営する不動産王で、テレビの人気リアリティ番組「アプレンティス」のホストとして誰もが知っている人物。既成政治の「アウトサイダー」として政治経験ではなく、成功したビジネスマンとしての「直観力」を売り文句にし、２０１６年の大統領選挙戦で**「私一人でアメリカが抱えるすべての問題を解決できる」**と豪語したドナルド・J・トランプ大統領である。

政治や行政経験、専門知識など無用だとばかりに、トランプ氏は娘夫婦であるイヴァンカ・トランプ氏とジャレッド・クシュナー氏をそれぞれ大統領補佐官と上級顧問に据え、財界や保守系メディアからも多数のイエスマン人材を登用した。自ら選んだ側近や政府高官でも、自分の意にそぐわない言動をすればツイッターで容赦なく攻撃し、最悪の場合はアプレンティスの決め台詞だった「君はクビだ！（You're Fired!）」の再演さながら、一方的にツイッターで解任を発表するのだ。

アメリカに住んで２０２０年で25年になるが、こんな政権は本当に見たことがない。私は日本で大学を出た後、行政専門紙記者として８年ほど東京都の行政をまじかに見る機会に恵まれた。確かに政府機関には官僚主義、前例踏襲、非効率などの欠点も多いが、人々の生活を安定的に支えていくには、経験や専門知識、継続性だって必要だ。

しかし民主党、共和党にかかわらず、お決まりの政治家による政権下では一向に暮らしが良くならないと不満を募らせてきた市民は、トランプ氏にビジネスマインドでアメリカを成功に導いてほしいと期待をかけた。だが、トランプ政権を支える高官らが、「回転ドア」と揶揄《やゆ》されるほど頻繁に交代し、慢性的に機能不全をおこす体制で「何か大きな危機が起きた時に、適切な対応ができるのか」と、不安を抱いたのは私だけではなかったはずだ。

そして２０２０年１月15日。出張先の中国の武漢市から帰国した男性が、西海岸のシアトル・タコマ国際空港に降り立った。数日後、この男性はアメリカ国内で確認された最初のコロナ患者となった。恐れていた「何か大きな危機」の始まりだった。

「コロナウイルスはそのうち消える」

年明けから中国で原因不明の肺炎が広がっているというニュースを耳にすることはあったが、海を隔《へだ》てた別の大陸の話であり、私などはむしろ「日本は大丈夫だろうか？」などと、ぼんやりと思っていた。しかしトランプ大統領は1月31日に「公衆衛生上の緊急事態宣言」を出し、過去2週間以内に中国を訪問した外国人の入国を2月2日から禁止すると発表した。

中国とは貿易戦争などで敵対していたが、アメリカにとって中国は最大の商取引の相手国であり、中国からの観光客、留学生、中国系アメリカ人も多い。突然の入国禁止発令に、国内外からは驚きと反発の声が上がった。アメリカは２０１４年に、アフリカからの渡航者により、致死率が非常に高いエボラ出血熱の国内感染を経験しているが、その時でさえ入国禁止措置はとっていなかった。

突然の入国禁止というドラスチックな対策をとる一方で、新型コロナウイルスの脅威に対する深刻さは伝えられなかった。2月4日の一般教書演説（所信表明）でも、トランプ大統領は1時間18分も話し続けたわりに、新型コロナに関しては**「中国政府ともよく連携をとり**

対応する。トランプ政権はアメリカ市民をこの脅威から守るため、必要なことはすべて行う」と、ごく簡単に触れただけだった。その後も、巷《ちまた》では新型コロナの集団感染で横浜に停泊したクルーズ船「ダイヤモンド・プリンセス」のニュースが話題になったが、アメリカ国内の状況について大統領は「コロナウイルスはほぼ制御されていて、関連国とも連絡をとっている。CDC（米疾病対策予防センター）とWorld Health（WHOの意）もよくやっている。株式市場も好調だ！」（2月24日）とツイート。2日後の記者会見でも「（感染者は）15人で、この15人も数日でゼロに近くなる。我々がすごくうまく対処した結果だ」と、誇らしげに話した。

一方で、感染は世界で急速に広がりつつあり、トランプ大統領の会見から2日後の2月28日に、WHOは新型コロナウイルスに対する世界リスクを「高い」から、「非常に高い」に引き上げた。ヨーロッパ諸国も次々とロックダウンに入り、この状況をみかねたのか、アメリカも3月13日に「国家非常事態宣言」を発出。同日深夜以降、ヨーロッパ26カ国からの外国人の入国を禁じた。

この時点でアメリカ国内でもすでに2000人以上の感染者が特定され、死者も51人でていたが、トランプ大統領は楽観論を繰り返していた。与党である共和党上院議員との会議では、「(コロナは）突然、世界を襲った。しかし我々は準備万端で、非常にうまく対処している。コロナウイルスはそのうち消える。」と発言している。また国家非常事態宣言の発出を伝えるテレビ会見でも、「ほとんどのアメリカ人にとって、リスクは非常に、非常に低い」と強調した。

しかし、ジャーナリストであるボブ・ウッドワード氏のベストセラー本『RAGE（怒り）』によれば、大統領は中国の習近平国家首席との電話会談を通して、２月初めには新型コロナウイルスが強い伝染力を持ち、致死的な感染症であることを知っていたという。だが、「パニック状況をおこしたくない」という理由で、大統領はあえて新型コロナの脅威を控えめに話してきたと、ウッドワード氏に説明したそうだ。

２０２０年秋の大統領選挙で再選を目指していたトランプ氏にとっては、最大の売りである「史上最高の経済」を維持することが、最優先だったのだろう。お得意の「直観」を基に、たとえ致死的な感染症であっても、海外から持ち込まれる感染さえストップさせれば問題は大きくならないと、楽観視していたのかもしれない。

ワイドショーと化した記者会見

真実を揺るがす「オルタナティブ・ファクト」

トランプ大統領はしばしば「私はアメリカのチアリーダーだ」と言い、ネガティブな情報を口にするのを避けてきた。勝ち続けることに執念を燃やすトランプ氏にとっては、「ネガティブ＝負け」である。たとえ事実に反することでも、強気でポジティブなことだけを口にしていれば、人々がそれを信じ、やがてはそれが事実になると考えているかのようだ。

実際、トランプ氏は前回の大統領選挙公約で、移民政策では**「メキシコ国境に壁を造る費用はメキシコに支払わせる」**と主張し、中国との貿易戦争で引き上げた関税も中国が支払うと言い続けた。医療保険も**「最悪のオバマケアにかわる素晴らしい医療保険制度を作る」**と公言していた。もちろんメキシコが壁の建設費用を払うわけはなく、関税は中国から輸入するアメリカ企業の負担増であり、オバマケアにかわる医療保険は4年後の今も具体的な提案さえない。それでもトランプ大統領の支持者は、もうすぐ大統領が実現させる「オルタナティブ・ファクト（もう一つの事実）」だと擁護《ようご》する。一方で、トランプ不支持者は、「事実は一つであり、オルタナティブ・ファクトは単なる虚言だ」と不信感を強める。両者の間からは、もはや議論の前提となる共通の土台さえ消えてしまったかのように思える。

しかし、いくら状況を都合よく解釈しようとしても、病室に入りきらないほどのCOVID－19患者や、マスクにPCR検査キット、人工呼吸器といった医療用具が足らないと悲痛な面持ちで訴える医療従事者、そして人影が消えた街並みを見れば、アメリカがコロナ禍の真っただ中にあることは誰の目にも明らかだった。

ホワイトハウスは2月下旬、マイク・ペンス副大統領を座長に、保健福祉省および関連省庁メンバーによる新型コロナウイルス対策チーム（以下、コロナ対策チーム）を設置した。その中心には国立アレルギー感染症研究所のアンソニー・ファウチ所長を筆頭に、CDC所長や公衆衛生局長官らのほか、各分野のエキスパートが顔を揃えた。コロナ対策チームは発足直後から、市民に向けて「ソーシャルディスタンシング」の啓発活動を開始した。

トランプ政権下であっても、私はこうしたプロが実働部隊にいれば安心できると思っていた。２０１４年のエボラ出血熱では、私の住むテキサス州ダラス市でリベリアから来た第一号患者が死亡し、看護師の2人が感染するという事態が起きたが、その時もCDCは機動的にダラスおよび全米の病院や地域住民に必要な対応指針を示し、感染地域からの入国者検査と追跡を指揮した。さらにはファウチ所長自身が、感染した看護師の主治医となって治療にあたり、市民の信頼に応えたことも記憶に新しかった。しかし、こうした優れたプロをどう活用するかは、リーダーの姿勢しだいであることが新型コロナ対策で顕著《けんちょ》に表れることになる。

医療物質の確保は他人任せ

国家非常事態宣言の発出後すぐに、不要不急の外出を避ける「コロナ感染抑制の15日間」キャンペーンが開始されたが、すでに爆発的な感染拡大が始まっていた。3月下旬には、ニューヨーク州だけで、毎日5000〜8000人の新規感染者が確認され、救急車がひっきりなしにCOVID－19患者を病院に搬送した。既存設備では収容しきれない遺体を保管する冷蔵トレーラーが使用されるほど、事態は深刻だった。

こうした状況下で、もともと「愛国的で強いヒーロー」のイメージを好むトランプ大統領は、「アメリカのチアリーダー」から、「コロナウイルスと戦う戦時の大統領」へと転身を図《はか》った。アメリカ市民が犠牲を払って戦った第二次世界大戦に言及し、**「今度は我々がともに犠牲を払う時である。全員でこの見えない敵と戦い、共にこの危機を乗り越えるのだ」**と、記者会見で市民に呼びかけた。そして国防生産法を発動して国内のさまざまな製造企業に、人工呼吸器やマスク、消毒液などの生産を命じた。また病床が足りない地域には、陸軍工兵隊を派遣して仮設病院を設営したり、患者が急増するニューヨークやカリフォルニアには海軍の病院船を派遣したりした。

それでも後手に回った感は否めず、この程度の対策ではまったく追いつかないほど、すべてが不足していた。連邦政府の備蓄倉庫にあった医療用品は、オバマ政権時代の新型インフルエンザとエボラ出血熱への対応で消耗していたが、それらの感染脅威が去った後、連邦議会も政府も補充を怠《おこた》っていた。オバマ政権は政権交代の引き継ぎで、着手すべき「新興感染症に対する早期対策戦略」の計画書を残したが、トランプ政権は興味を示さずに棚上げし、2018年には逆にグローバル・パンデミック対策を含めたCDCの予算を大幅に削減していた。

各州知事はPCR検査や医療用品の供給拡大を連邦政府に求めたが、無い袖は振れないトランプ大統領は、**「州知事が自分でやるべき仕事。連邦政府は物資を大量購入して、配布するために存在しているわけじゃない。我々は出荷係じゃないんだ」**と言い放った。各州の独立性が高いアメリカでも、さすがに緊急物資の調達や配分調整は連邦政府の役割である。しかし、待ったなしの状況下で州民や州内の医療機関を守るには、州知事らが自力でどうにかするしかなかった。例えば、メリーランド州のラリー・ホーガン知事は、韓国系アメリカ人である夫人の橋渡しで、韓国からPCR検査を輸入した。私の住むテキサス州ではグレッグ・アボット知事が、「マスクや人工呼吸器を買う伝手《つて》がある人は買っておいてほしい。州が金を払う。金はあるが、今は医療用具が必要なんです」と記者会見で州民に訴えた。

一方、トランプ大統領も連邦政府の備蓄を増やすべく、娘婿のクシュナー大統領上級顧問に医療物資を調達するよう命じ、ボランティアが集められた。ただそれも、「若く経験のないボランティアが、インターネットで供給元を探すといった、素人レベルの混沌たる活動だった」と、活動に加わっていたマックス・ケネディ・ジュニア氏（ロバート・F・ケネディ元上院議員の孫）が、のちに内部告発している。

自身を称える動画を披露

世界的に供給がひっ迫していた医療物資は、各州および連邦政府との間で購入競争となり、価格はさらに高騰した。多数の重症患者を抱えていたニューヨーク州のアンドリュー・クオモ知事は、「どの州も人工呼吸器の購入で必死だ。ニューヨークは調達のため人を中国の大手製造会社に派遣している。こんなのは異常だ」と、連邦政府の機能不全を批判した。

しかし、毎夕ホワイトハウスから行っていたコロナ対策の記者会見で、トランプ大統領は逆に**「州知事はさまざまな支援を提供している連邦政府に感謝すべきだ」**と不快感を露《あら》わにした。当初は地域別の感染状況や、PCR検査キットおよび医療物資の供給、治療薬開発などについて、主にコロナ対策チームのメンバーが説明する会見だったが、大統領の発言が日増しに増えていき、やがてはトランプ大統領のワイドショーのような様相を見せ始めた。

例えば4月13日の記者会見では、ドラマチックな音楽を背景に、コロナ対策におけるトランプ大統領の「数々の功績」をハイライトする4分間の動画が披露された。その中には、ニューヨーク州のクオモ知事や、カリフォルニア州のギャビン・ニューサム知事らがトランプ大統領の支援に感謝の言葉を述べる場面も含まれ、大統領のプロモーションビデオのようだった。動画の後、トランプ大統領は満足そうに記者団を見渡し、**「我々がやったことは、すべて正しかった」**と断言した。だが、その頃のアメリカでは、すでに毎日2万5000人を超える新規感染者と、2500人前後の死者がでていたのである。

同時期、アメリカで最初にコロナ感染のエピセンター（震源地）となったニューヨーク州では、州民との信頼関係でともにコロナを乗り越えるべく、クオモ知事も毎日、記者会見を行っていた。111日間続いた会見では、感染者や死者が右肩上がりで増え続ける厳しい状況下でも、科学に基づく事実と州政府の考えを伝え、メディアからの厳しい質問に答え続けた。これに対してホワイトハウスのコロナ対策記者会見は、出だしこそ公衆衛生の専門家が市民に有益な情報を伝えるものだったが、やがて市民との信頼関係など眼中にない「トランプ劇場」に変わっていってしまった。

2時間近く行われるようになった自分中心の記者会見についても大統領は、**「評判もすごくいいし、何よりも信じられないくらいすごい視聴率を稼いだんだ」**と、ウッドワード氏の電話取材で語ったという。タレント大統領にとっての記者会見は、自らのテレビ番組と同じ位置付けだったのかもしれない。

ロックダウンを誰よりも辛抱できなかった大統領

経済のためなら大盤振る舞いも辞さず

ニューヨーク州を中心とする東海岸や、カリフォルニア州やワシントン州のある西海岸での急速な感染拡大および医療崩壊寸前の様子を目の当たりにし、そのほかの州も3月下旬から次々とロックダウンに入っていった。オセロゲームで石が一気に白から黒に変わっていくように、春のイベントやスポーツ大会が次々と中止され、レストランやバー、娯楽施設も一時閉鎖となり、街は急速に生気を失った。

トランプ大統領は、「これまでにない最強の経済」への影響を恐れ、ロックダウンを短期間で終わらせたいと考えていたようだ。自らのツイートや記者会見で、しばしば「治療（ロックダウン）が、問題（新型コロナ）そのものより悪い状況をもたらしてはならない」と発言。4月12日のイースター（復活祭）が近づくと、「いろいろなシナリオがあるが、教会が信者でいっぱいになる（イースター）なんていいんじゃないか」と、ロックダウンの終了をほのめかした。しかし現実には、さらに多くの州で感染が拡大し、不安は強まっていった。

ロックダウン下で多くの人が突然の休業を余儀なくされ、4月までに２０００万人以上が失業した。２月にわずか３・５％だった失業率は、４月には14・7％へと急上昇。これは１９３０年代の大恐慌レベルである。多くの市民が路頭に迷いかねない未曽有《みぞう》の出来事を前に、普段は与野党の対立で何も合意できない連邦議会も３月27日、２兆２０００億ドル（約２３１兆円、以降１ドル＝１０５円換算）という史上最大規模の救済措置法をスピード成立させ、トランプ大統領も即座に承認した。一般的に財政出動に慎重な共和党の大統領でありながら巨額のコロナ救済措置を実施した点では、党のイデオロギーにとらわれない「既成政治のアウトサイダー」であり、大きな決断ができるリーダーとしてのトランプ大統領の評価は高かった。ただしトランプ大統領は、それを誇示することも忘れなかった。

救済措置の柱の一つは、1人当たり1200ドル（約12万6000円）という給付金の支給。コロナ禍で収入を絶たれた市民の多くは1日も早い給付金の支給を心待ちにしていたが、「トランプ大統領が小切手発行者として署名をしたがっており、小切手の発行が遅れる可能性」との報道が流れ始めた。給付金の財源は市民が納めた税金である。大統領には政府発行の小切手に署名する権限はなく、むしろ政党からの中立性を示す意味で、権限を与えられた公務員が署名するのが慣例だった。それでも大統領に忖度《そんたく》したスティーブン・ムニューシン財務長官は、小切手の左下にトランプ大統領の名前を印刷するよう指示。銀行振り込みで給付を受け取る市民には、別途ホワイトハウスから給付金額とその趣旨を説明するトランプ大統領からの手紙が送付された。

一方、新型コロナの影響で失業した人には、通常の失業保険給付額に週当たり600ドル（約6万3000円）を上乗せし、従来は対象外だったギグワーカー（主にインターネットを通じて単発の仕事を請け負う労働者）も給付対象に含めるという手厚い支援を行った。しかし大勢の人が失業保険申請に殺到したために給付は遅々として進まず、市民の不安と苛立ちが増幅した。

ツイートでロックダウン解除を煽る

そんな中で、感染抑制に苦戦する州知事らがロックダウンの延長を求めると、「ロックダウンを解除せよ」「仕事をさせろ」と、州政府に反旗を翻《ひるがえ》す市民の姿が目立ち始めた。ロックダウンによる失業者が増え続け、経済回復が遅れるのを恐れたトランプ大統領もこれに便乗し、4月17日には**「ミネソタを解放せよ！」「ミシガンを解放せよ！」「バージニアを解放せよ。そして偉大な憲法修正条項第2条（銃を持つ権利）を守れ」**というツイートを連発。州知事に抗議する市民をたきつけた。

トランプ政権のコロナ対策チームの指針に基づき、大半の州知事がロックダウン指令を出していたにもかかわらず、州知事が民主党で、かつ大統領選挙で激戦が予想されるこの3州が槍玉にあがった。同日の記者会見で「大統領のツイートは危険な対立を煽《あお》るのではないか」とただされても、トランプ大統領は**「知事の規制が行き過ぎだからだ」**と答えるのみ。こうして対立軸を作って、政治利用するのがトランプ大統領の常套手段だった。

バージニア州では、全銃購入者の身元確認を義務づけるという新たな銃規制策が開始された矢先だった。トランプ大統領は、これを「銃を持つ権利への攻撃」とする立場に同調し、「知事は憲法修正第2条に対して、ひどいことをした。あれはひどい。知事のしたことを考えれば、私のツイートはなんてことはない」と反論。大統領のツイートに背中を押され、さらに多くの抗議者が、マスクではなく、抗議のプラカードや星条旗、さらには銃を手にして州議会に押しかけ、外出制限の解除を要求するようになった。

アメリカの国土は日本の25倍と広大だ。春の段階では、ニューヨーク近郊のように悪夢ともいえる数の新型コロナ感染者や死者を出した地域は限られていた。身近に感染者がおらず、脅威を実感できない市民にとっては、むしろ経済的不安こそが脅威であり、外出制限の解除を求める声が日に日に高まっていった。連邦政府は不要不急の外出を避ける「コロナ感染抑制」キャンペーンを4月末まで延長していたが、トランプ大統領は、早急に「経済再開ガイドライン」をまとめるように指示。4月16日には、感染状況に応じて各州の判断で、段階的に経済を再開するガイドラインを発表した。

この時、トランプ大統領は「我々の生活を再開する。我々は再び、経済の再生を始めるのだ」と高らかに宣言。他方、コロナ対策チームの要《かなめ》であるファウチ所長は、PCR検査や感染追跡体制が不十分なことから、5月1日の経済再開目標でも「楽観的過ぎる」との見方を示し、「拙速に経済を再開すると爆発的な感染増をもたらす」と警告していた。

しかしトランプ大統領に忠実なジョージア州知事は、感染者の多い同州のアトランタ市長の懸念をよそに、4月24日からスポーツジムや美容室、タトゥー・パーラーも含む前のめりな経済再開計画を発表。アリゾナ州、アラバマ州、フロリダ州をはじめ、共和党色の強い30州が5月初旬から経済再開に突き進んだ。私の住むテキサス州も5月1日から、収容人数25%を上限に、レストラン、小売店、映画館、ショッピングセンターなどの営業再開許可を発表。コロナ対策チームが設定したガイドラインよりも、ずっと早いペースで全面再開を目指す計画だった。トランプ大統領は、「テキサスも金曜から段階的に営業再開だ。テキサス州知事はよくやった」とツイートで絶賛。大統領は、「ウイルスは去る。消えてなくなる。根絶するんだ」と、4月末の財界リーダーらとの会合で、再び根拠もなく楽観的な発言を始めていた。

これに対して民主党知事らは、5月下旬からより慎重なペースで少しずつ経済再開を進める道を選んだ。この差は1カ月後に表面化することになる。フロリダ州やテキサス州など、経済再開に突っ走った州は、6月中旬から爆発的な感染拡大に直面したのだった。

大統領の一言で「マスクなし」が支持者の証に

「弱さ」の象徴

アメリカにおけるコロナ対策の失敗を特徴づけるものの一つに、マスクの着用が政治的な問題になってしまったことが挙げられる。コロナ対策チームおよびWHOは3月まで、「病気でない一般人のマスク着用は不要」という立場をとっていた。医療従事者に必要なマスクが不足しており、一般の人が医療者用マスクを買ってしまうと、医療現場への供給がひっ迫するからだ。

しかし無症状のコロナ感染者が市中感染を広げているパターンが明らかになったため、CDCは4月に入り、改めて一般市民に「医療用ではない布製マスク」の着用を推奨した。だが、トランプ大統領は記者会見で「大統領執務室の重厚な机に向かっている時に、マスクをつけるのは嫌だ。他国の大統領や首相、国王などにマスクをつけて会うというのもどうなのか。私には自分自身がマスクをつけるイメージがわかない」とした上で、「つけたい人はつければよいが、私はマスクをつけたくない」と宣言。常識的に考えれば、国を率いるリーダーは個人的な好みではなく、まずは市民に手本を示そうとするものだ。だが、トランプ大統領にとってのマスクは、コロナ感染抑制の手段ではなく、「弱さ」の象徴だった。「強い大統領」のイメージを好むトランプ大統領には、受け入れがたいものだったのかもしれない。

マスク着用問題は、トランプ大統領自身のことにとどまらなかった。大統領は6月にオクラホマ州、アリゾナ州で対面による遊説を再開した。集会参加者のマスク着用は個人の自由だったが、大統領が**「マスクをつけている人の中には、コロナの感染予防ではなく、自分に対する反意を示すための人もいるのではないか」**と、マスク着用が反トランプを示す「踏み絵」かのような発言したことから、集会参加者のほとんどはマスク未着用だった。また大統領の政治集会では、コロナ以前の熱気あふれた集会を再現すべく、ソーシャルディスタンシングなどおかまいなしに、参加者を会場に詰め込んだ。

一方、5月から急ピッチで経済再開を進めてきた州では、6月中旬からコロナ感染者数が急激に増え始めた。感染が多い都市部の市民や市長らはマスク着用の義務化を求めたが、トランプ大統領が**「マスク着用の強制は、アメリカの自由な精神に反する」**と主張していたこともあり、共和党知事らは州政府によるマスク着用の義務付けに反対し続けた。テキサス州知事などは、例えばダラス郡がダラス地域に限ってマスク着用を義務付けることさえ、郡政府の過剰規制だとして許さなかった。

しかし6月後半から、テキサス州では毎日5000～8000人の新規感染者が出始め、医療崩壊危機に直面。7月2日、ついにテキサス州知事も方向転換せざるを得なくなり、公共の場でのマスク着用を市民に義務付けた。それでも大統領の言葉通り「マスクの強制は自由の侵害だ」と主張して、マスク拒否を続ける市民は後を絶たなかった。経済再開を急いだ州は、どこもテキサス州と同じように感染者急増に見舞われていた。7月にはアメリカ全体でも再び、1日当たり最大7万5000人を超える新規感染者と、1000人の死者を出すようになった。

科学を無視した政治家のツケは市民に

経済再開ガイドラインも、マスク着用の推奨も、コロナ感染による被害を最小限に抑える目的でコロナ対策チームが科学的な知見を基に考えたものだ。トランプ大統領をはじめとする政治家らは、こうした専門家の助言も科学も無視して、政治や経済を優先した。そして、そのツケを支払うことになったのは市民だった。

6月30日、父親をCOVID－19で失ったアリゾナ州の女性は、「父の死は、コロナ危機の深刻さを認識せず、リスクを抑えるための明確な方針を示さず、市民の健康を危機にさらした不注意な政治家たちによりもたらされた」と、地元紙の死亡広告記事で訴えた。トランプ大統領、および共和党のアリゾナ州知事の支持者だった父親は、州知事の経済再開判断後すぐに、大統領が勧める「コロナ以前の生活」に戻るべくレストランや買い物などで外出し、新型コロナに感染したのだった。

アメリカ南部、南西部の爆発的なコロナ感染拡大を受け、7月21日にトランプ大統領が久しぶりに開いたコロナ対策の記者会見は、さすがに深刻なトーンだった。大統領は「地域によっては（コロナ対応が）非常にうまくいっているが、それほどでもない場所もある。残念ながら状況が好転する前に、さらに悪化するだろう」と述べた。そしてその時初めて、アメリカ市民にマスクの着用を呼びかけた。もっとも、大統領自身がほとんどマスクを着用しないことを指摘された際には、「いや必要な時にはマスクはしている。外出する時は、マスクを持っていく。（中略）ここにもある通り、持っているんだ。喜んで使うだろう。問題などない」と口を濁《にご》した。しかしこの後も、公《おおやけ》の場でトランプ大統領がマスクを着用する姿は、ほとんど見られなかった。

4割にも及ぶデマの発信元とは？

「既成政治のアウトサイダー」だからできたこと

新型コロナの問題で、トランプ大統領が初めてテレビ演説を行った際、「アメリカほど（パンデミックに対し）準備ができていて、立ち直りが早い国はないだろう。世界でも最強の経済、最も進んだ医療、最も才能ある医師、科学者、研究者を揃えているのだから」と市民に説いた。そして実際、トランプ政権はアメリカの財政力と科学力を結集し、通常なら何年もかかるワクチン開発で、「1年以内の実用化」という奇跡に近い目標を掲げた。「ワープ・スピード作戦」という名のもと、治療薬やワクチン開発を国家プロジェクトと位置付け、巨額の政府投資と大規模な産官民連携で強力に推進した。

特にワクチン開発では、ＦＤＡ（アメリカ食品医薬品局）承認直後に確実に大量のワクチンを入手するために、巨額の公的資金をつぎ込んで、有望な、しかし承認される保証はないワクチン候補薬の生産を開始させた。承認されなければ、作ったワクチンも、それに使った税金も無駄になる。普通の政治家なら考えないギャンブルのような計画を決行できたのは、やはり「既成政治のアウトサイダー」であるトランプ大統領だったからだろう。

大統領発のトンデモ医療情報

だからといって、トランプ氏がアメリカの誇る「最高レベルの科学者や科学の知見」を重視したかといえばその逆で、しばしば「アンチサイエンス」的な言動を繰り返した。大統領は最初から、新型コロナをインフルエンザと比較することで、たいしたことではないという印象を与え、「(ウイルスは) 消える。ある日、奇跡のように、消えてなくなる」と発言した。

〝トランプワイドショー〟に変わりつつあった4月23日の記者会見では、国土安全保障省の研究員が、新型コロナウイルスを不活性化する条件として、直射日光や湿度、さまざまな消毒剤との関係などを説明した。そこまではよかったのだが、続いてトランプ大統領は、ウイルスなど簡単にやっつけられるとばかりに、「紫外線などとてつもなくパワフルな光を体内に照射してウイルスを殺すことを試してはどうか」、あるいは「消毒剤を注射してそれが肺に届けば瞬時にウイルスを殺せるから、試してみても面白い」と、コメントしたのだ。

会見の場にいたコロナ対策チームの医師や研究者らは、こわばった表情で空間を見つめていた。公に大統領の発言を否定して怒らせれば、チームから外され、市民にとって真に重要な公衆衛生のメッセージを発信できなくなると恐れたのだろう。

またトランプ大統領は、保守系ケーブルテレビのＦＯＸニュースで、抗マラリア薬のヒドロキシクロロキンをＣＯＶＩＤ－19の治療に使った海外の症例を知り、**「これはゲームチェンジャー（形勢を一変させる）だ」「私だったら、使ってみるね」**と言い、記者会見やツイッターで大々的に推奨し始めた。感染症の専門家であるコロナ対策チームのファウチ所長は、「まだ新型コロナに対する効果や安全性が臨床試験で実証されていない」として大統領の勇み足を止めようとしたが、逆に大統領はＦＤＡに緊急使用許可を出すように圧力をかけた。

のちにこの抗マラリア薬は、新型コロナに対しては効果がないばかりか、心臓に深刻な副作用を起こす可能性が明らかになり、ＦＤＡが緊急使用許可を撤回する事態となった。

トランプ大統領の口から「トンデモ医療情報」が飛び出すたびに、ファウチ所長が軌道修正に奔走《ほんそう》した。だがトランプ支持者の目には、そうしたファウチ所長が「大統領の足をひっぱる存在」として映ったのだろう。激しい非難や脅迫《きょうはく》が同所長に向けられるようになった。

大統領自身、自分より市民の信頼を得ているファウチ所長の存在が気に入らないようで、記者会見でも**「彼（ファウチ所長）への支持率は高い。彼は私の政権のために働いているのでそれはいいが、だったらなぜ私に、そして私の政権にも、ウイルス対策で高い支持率が寄**

せられないのか？」と不満を漏らして、記者らを苦笑させた。

その後、大統領はファウチ所長を含め、時に自分に反対意見を述べるコロナ対策チームとは距離を置き始めた。トランプ大統領は引き続き経済再開と、9月からの学校再開に意欲的だったが、コロナ対策チームは大統領の意に反し、感染の多い地域ではより慎重な学校再開を提案していたのだ。

そんな時、保守系ケーブルテレビのＦＯＸニュースの医療コメンテーターで、「子どもには感染リスクがほとんどない」と主張していたスコット・アトラス医師が、突然、新たな大統領の新型コロナ対策顧問に任命された。同氏の専門は感染症や疫学ではなく、神経放射線医学であり、コロナ対策チームや主流の疫学者が反対する「自然感染による集団免疫戦略」を提唱し、「マスクは効果なし」と発言していた。トランプ大統領が求める経済再開、学校再開の文脈にぴったり合う専門家だったのだ。

このように政権のコロナ対策が一貫しない中で、ＳＮＳ上では新型コロナに関するフェイクニュースが際限なく広がっていった。トランプ大統領のアンチサイエンス的な発言やツイートを支持者がどんどん拡散し、それに反論する人々によってさらに拡散された。コーネル大学の調べによれば、新型コロナの偽情報の38％は、トランプ大統領の言動に端を発していたという。

私の住むテキサス州では、「コロナは捏造《ねつぞう》だ」というネット情報を信じた30歳の若者が、実際に感染するかどうかを試す「COVID－19パーティー」に参加して感染。入院先で「デマだと思っていたが、本当だった。自分は間違っていた」と言い残して、息を引き取った。新型コロナの患者が次々と運び込まれる病院の医師は、「病院は二つの戦線で戦っている。COVID－19との戦いと、デマとの戦いだ」と地元メディアに話した。

コロナ感染でトランプ大統領が得た教訓

マスクをつけるバイデン氏を嘲笑

9月に入ると、夏場に爆発的感染で苦しんだ南部や南西部での感染拡大がスローダウンし始めた。ニューヨーク近郊での感染もうまく抑制されていた。新学期を迎えた大学キャンパスには学生が戻り始め、小・中・高校も学校再開に向けて準備が始まった。大学を含め、再開された学校でクラスターが発生し、再びオンライン授業に逆戻りするなどの試行錯誤が続いたが、そうした危なっかしい状況など存在しないかのように、9月16日の記者会見でのトランプ大統領は強気だった。

「我々はもうすぐ、フルパワーに戻る。来年は素晴らしい年になる。もうそんな兆候が見えている。すごい第3四半期になると思う。すごく、ものすごく良い数字が期待できる。車の生産、住宅着工数、持ち家率と、我々がパンデミックを乗り越えて達成できるとは誰も考えもしなかったレベルだ」と、いつもの大げさな表現でバラ色の未来を描いて見せた。

トランプ大統領自身も、11月の大統領選挙に向けて精力的に各地を飛び回った。どこの州でも大統領の政治集会は、トレードマークの赤い野球帽をかぶった支持者がマスク未着用でひしめき合い、大統領のスピーチに歓声を上げるという相変わらずのパターンだった。それとは対照的に民主党の大統領候補者であるバイデン氏が常にマスクをつけ、少人数でソーシャルディスタンシング集会を行う姿について、「私はバイデンのようにマスクなんてつけない。彼は200フィート離れたところから話すのにも、私がこれまでに見たことがないようなデカいマスクをつけてくるんだ」と嘲笑《ちょうしょう》した。

感染発覚3日後にはホワイトハウスに

「ウイルスにとって、相手が誰かなんて関係ない。油断をすれば誰もが感染する可能性がある」と、ファウチ所長はしばしば警告してきた。そして10月2日、ファウチ所長の言葉が証明されることとなった。トランプ大統領が「私と大統領夫人が、COVID－19で陽性になった」とツイートしたのだ。その1週間ほど前、大統領はホワイトハウスの中庭で最高裁判事指名式典を行った。政府要人を含む多数の参加者が、マスク嫌いのトランプ氏に忖度してマスクもソーシャルディスタンシングも無視して集った点では、大統領の政治集会と同じだった。その結果、トランプ大統領夫妻をはじめ出席者から多数の感染者を出す集団感染イベントとなってしまった。

感染が判明し、息切れのためにホワイトハウスで酸素吸入を受けた大統領は、すぐに米軍医療センターに入院した。夫人や側近など多くの感染者を出したことで、さすがのトランプ大統領もコロナ感染を恐れる人の気持ちや、コロナ感染で愛する人を失った市民の悲しみを理解できるかと思ったが、そうではなかった。

入院直後から「コロナに打ち勝つ強い大統領」のイメージを作り上げるべく、「感染者の隔離」というガイドラインを無視し、入院翌日には外出して車内から病院前に集まった支持者に手を振った。入院3日目の夕方には退院。ヘリコプターでホワイトハウスに降り立った大統領は、夕日が差すバルコニーへの階段を上り、息切れを隠しつつマスクを外して敬礼して見せた。そして「コロナに生活を支配されてはいけない。コロナを恐れるな」と、呼びかける動画をツイッターに投稿したのだ。

退院7日後には、フロリダ州を皮切りに遊説を再開。トランプ大統領が支援者にマスクを配る場面はあったが、本人が再びマスクをつけることはなく「コロナに罹《かか》ったが、もう免疫ができた。力がみなぎるのを感じる。観客席に下りて行ってみんなにキスしてもいい。濃厚なキスをプレゼントしよう」とおどけ、完全復活をアピールした。入院中に「コロナについて本当に深く学んだ」と語った大統領だったが、退院後の政治集会では「コロナで影響を受けるのは心臓やほかの疾患がある高齢者だけ。それだけでしかない」と、再びコロナの脅威を軽視する発言を繰り返した。こうしてコロナを恐れない大統領のもとで、新型コロナウイルスは再び勢いを増していった。

「ウイルスがきたのは中国のせいだ」

アメリカ全土で日増しに感染者が増大する現実を前にしても、政治集会の場でトランプ大統領は「もうすぐワクチンもできる。治療薬もできる。アメリカはコロナ感染の峠を越えた。すごくうまくいっている」と、現実離れした楽観的主張を続けた。さらには選挙陣営との電話会議で、「市民はCOVID－19にうんざりだ。コロナがあっても、私の政治集会はこれまでで最大規模だ。市民は『どうでもいい』と言っているんだ。ほっといてほしいと」「市民はファウチやほかのバカ者たちの言うことを聞くのにうんざりしている。彼らは、判断を間違ってきたのだから」と話していたと、複数のメディアが報じた。

最高水準の医療と科学力を持つはずのアメリカで、10月末には1日当たりの新規感染者数が世界最多の10万人近くまで増大し、累積感染者数は900万人、死者数は23万人に達してしまった。大統領選挙直前の討論会で、コロナ感染を抑制できなかった責任についてバイデン氏に問われ、トランプ大統領は「ウイルスがアメリカにきたのは私のせいじゃない。中国のせいだ」と答えた。3月にコロナ感染が問題になり始め、検査能力の不足を指摘された時もトランプ氏は「一切、私の責任ではない」と答え、7月に毎日1000人のコロナによる死者がでるようになった時には、「仕方ないじゃないか」と言った。大統領は終始コロナウイルスを「中国ウイルス」と呼ぶことで、批判の矛先をそらし続けた。

直観と戦いの大統領から、科学と癒しの大統領へ

市民の命よりも「経済復活」と「再選」

はたしてトランプ大統領はコロナ対策をどうとらえていたのか。大統領はかつて、「ワクチンがあろうとなかろうと、ウイルスやインフルエンザはやってくる。戦うしかないんだ」と言った。他国では、国のリーダーが市民に協力と結束を呼びかけ、新型コロナウイルスと戦っている。しかしトランプ大統領は市民の結束を促すことも、コロナウイルスと真剣に向き合うこともなかった。もはや身勝手に近い個人主義を「自由」と呼び、マスクという「踏み絵」で市民を敵と味方に分断し、ひたすら「コロナ以前の自由な生活に戻れ」と無防備な市民を鼓舞した。トランプ大統領の戦いは、市民をパンデミックから守ることではなく、「強いアメリカ経済」を復活させ、自らが「パワフルな大統領」として再選を果たすことだったように見える。

大統領職についてオバマ前大統領は、「大統領になったからといって、その人が変わるわけじゃない。だが大統領になることで、その人の本質が顕著に表れる」と語ったことがある。

大統領になる以前からトランプ氏は、いかなる状況でも自らの要求を通すべく戦い、常に「強い勝者」であることに執念を燃やしていた。そうした本質があるからこそ、他の政治家ならやらないような思い切った政策を実行できたのだろう。だがその反面、トランプ大統領は常に自らの要求を通すために反対者を退《しりぞ》け、攻撃し、自分に都合のよい「オルタナティブ・ファクト」を語り続けた。その結果、最高水準の医療と科学力を持つはずのアメリカで、新型コロナの感染者数も死者数も、世界で一番多い国になってしまった。

感染と死を招いたトランプ集会

2020年11月。アメリカ全土が爆発的な感染拡大に見舞われ、各地で医療崩壊が始まりつつある中でもトランプ氏は、**「アメリカはコロナ感染の峠を越えた。死者数が多いのは、診療報酬稼ぎで病院や医者が虚偽の報告をしているから。コロナに罹っても、私のようにすぐ回復するのだから、コロナに惑わされてはいけない」**と、陰謀論まがいの主張を続けた。

スタンフォード大学の調査によれば、6月20日から9月30日までの間にトランプ氏が行った18回の政治集会の結果、少なくとも3万人がコロナに感染し、700人がコロナのために死亡したという。それでもトランプ氏は大統領選挙の直前まで、各州を精力的に飛び回り、何千人という支持者がマスクなしでひしめき合う対面による政治集会を続けた。

大統領選挙は激戦となったが、トランプ大統領は再選されなかった。「コロナは峠を越えた。最強のアメリカ経済が、もうすぐさらなる飛躍を遂げる」という、大統領の「オルタナティブ・ファクト」を信じないアメリカ市民の方が多かったのだ。それでも大統領は投票者の約47％、7420万票あまりという史上2番目に多い票を得た。トランプ氏のコロナ対策について、民主党支持者はたった6・4％しか支持していなかったが、無所属の約35％、共和党支持者の約38％は支持していた。私の周囲にいる共和党支持者も、「中国から持ち込まれた未知の感染症に対し、トランプ大統領はできることはすべてやったと思う」「治療薬やワクチン開発をすごいスピードで進め、一日も早く経済を立て直そうとがんばった」と、口々に言った。

バイデン氏に訪れる困難

11月7日、大統領当選が確実となったバイデン氏は、「日常生活を取り戻し、愛する家族をコロナで失った人々を癒すためにも、科学に基づく対策でコロナに打ち勝つ」と表明。数日後には、任期半ばにしてトランプ大統領が一方的に解任したビベック・マーシー前公衆衛生局長官やベテランのデビッド・ケスラー元FDA長官を中心に、新たなコロナ対策チームの結成を発表した。

大統領選挙後、コロナは峠を越えるどころか、これまでのピークを凌駕《りようが》する勢いでアメリカ全土をのみ込んだ。選挙結果を見るためにホワイトハウスの一室にマスクなしで集った大統領の長男を含む側近や共和党議員からは、再び複数の感染者が出た。トランプ大統領は選挙制度の不正を主張して選挙結果を受け入れず、ゴルフ場通いをするだけで、感染拡大を含むすべてのことに沈黙を続けていた。11月中旬には治験中だった複数の新型コロナワクチンで、高い有効性と安全性が明らかになり、年内にもワクチン接種開始という光が見え始めたにもかかわらず、トランプ大統領は、選挙後ほぼ3週間にわたり、次期バイデン政権が現政権のコロナ対策チームと連絡をとることさえ許可しなかった。トランプ大統領にとって、コロナはすでに過去の問題だったのだろうか。

毎年、11月末の感謝祭には家族や親戚が集って祝う。この時は民族大移動の時期であり、ファウチ所長らは「来年以降もみんなで感謝祭を祝うためにも、今年は同居家族だけで祝って。移動は避けて」と、必死で呼びかけた。だが、その懇願もむなしく、アメリカ全土で何百万人もが空港に向かい、さらに多くの人が車で出かけた。当然の帰結として、その後はアメリカ全土で感染者と入院患者がさらに加速的に増え、医療資源の乏しい地域では、コロナ患者の受け入れ能力が尽きた。コロナを軽視するトランプ大統領の態度が市民に影響したのか、あるいはこうした市民の気質がトランプ大統領の誕生に繋がったのか。

12月11日にはFDAがアメリカで初めて新型コロナワクチンの緊急使用を許可し、翌週から全米でワクチン接種が開始されたが、すぐに感染を止められるわけではない。CDCは12月10日、今後60日にわたり毎日、9・11の犠牲者数を超える人数がコロナで死亡し、年明けまでにアメリカの累計死亡者数は36万2000人に達するという予測を発表した。

2021年1月20日には、「科学に基づく対策で、市民を癒す」ことを誓うバイデン政権が発足する。ワクチンにより新型コロナ征圧《せいあつ》への道に光が灯《とも》ったとはいえ、アメリカはこのコロナ禍であまりにも多くのものを失った。家族を失った市民の悲しみは深く、政府やワクチン、さまざまな社会制度に対する不信感は強まり、ソーシャルメディアではデマが駆け巡った。トランプ大統領の後に残されたのは、深刻なコロナ禍でも「マスクは個人の自由。コロナなどたいしたことない」「ワクチンは信用できない」「バイデンは不正選挙で選ばれた」と考える市民が4割はいるアメリカ社会。バイデン新大統領は、社会に渦巻く不信感を癒し、科学を、そしてお互いを信頼する社会を再生できるだろうか。

第7章

収束への原動力はSNSによる国民との対話

提供：AAP Image／アフロ

ニュージーランド
ジャシンダ・アーダーン首相
（首相在任期間：2017年10月～）

文／クローディアー真理

◆**クローディアー真理**（くろーでぃあー まり）

東京で編集に携わった後、ニュージーランドへ。在住22年。東海大学卒。ライター兼ジャーナリスト。現地の日本語月刊誌の編集職を経て、仲間と各種メディアを扱う会社を創設。日本語季刊誌を発行する傍ら、ニュージーランド航空や政府観光局の媒体などに寄稿する。2003年よりフリーランス。得意分野は環境、先住民、移民、動物保護、ビジネス、文化、教育など。近年はほかの英語圏の国々の情報も取材・発信する。

【ニュージーランド基本データ】（2020年12月15日時点）

- 人口：**500万2100人**
- 累計感染者数：**2096人**
  （100万人当たり：**419人**）
- 累計死亡者数：**25人**
  （人口100万人当たり：**5人**）
- 人口100万人当たりの累計検査数：**26万8283件**
  （1人が複数回検査した数も含む）

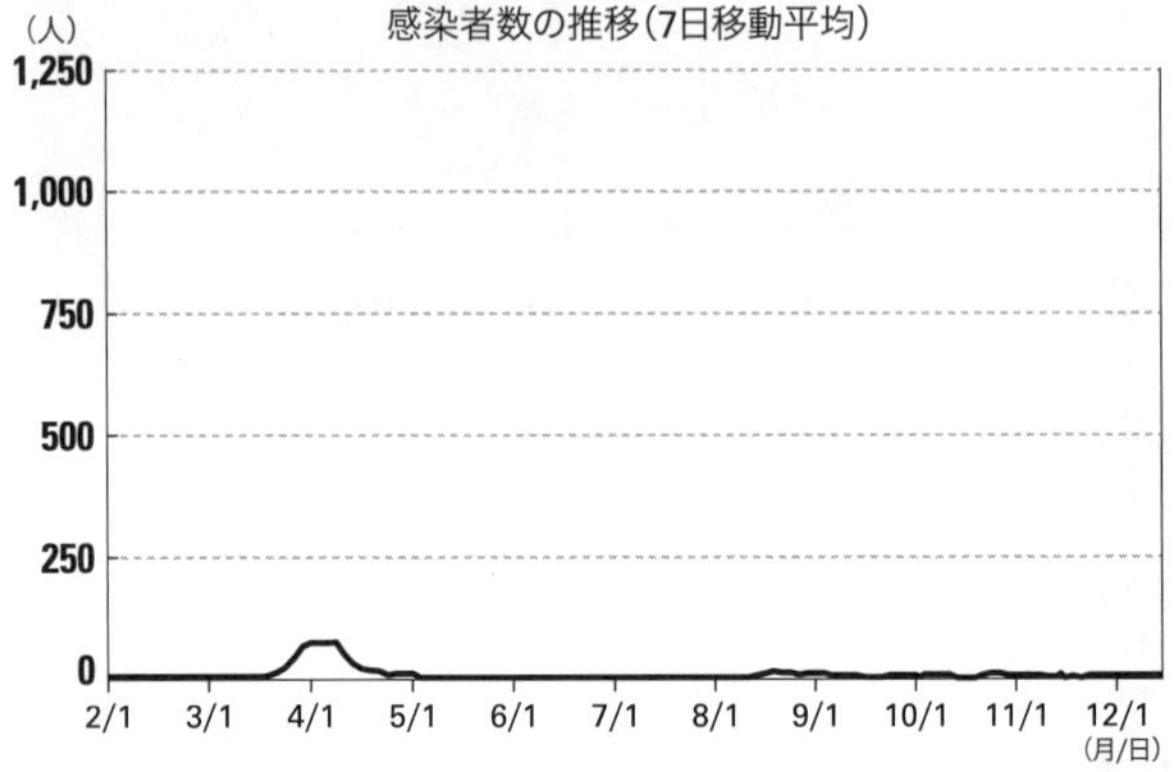

出所）Worldometer　https://www.worldometers.info/coronavirus/#countries
Dong E, Du H, Gardner L. An interactive web-based dashboard to track COVID-19 in real time. Lancet Inf Dis. 20（5）: 533-534. doi: 10.1016/S1473-3099（20）30120-1を基にグラフを作成

最初は危険性を軽視するリーダーだった

いつもと違った首相のスピーチ

２０２０年3月21日正午。ジャシンダ・アーダーン首相の、新型コロナウイルスについての発表はいつもと違っていた。

アーダーン首相は、ニュージーランドで初めて自治政府が成立した１８５６年以来、第3代首相のエドワード・スタッフォード首相と並び、２０１７年10月、当時37歳と最も若くして首相に就任した女性だ。ニュージーランド首相としては初めて在任中に妊娠・出産を経験。また世界で初めて産休を取った国のトップでもあり、娘のニーヴ・テ・アロハちゃんは6月で2歳になった。

そんなアーダーン首相が、背景に二つのニュージーランド国旗を従え、執務室のデスクを前に座っている。国の現状を伝えるためのスピーチは国会議事堂の小劇場で行われるのが通例だ。いつもとは違う状況に生放送を見た国民は否応《いやおう》なしにスピーチに耳をそばだてることになった。それは在住22年の私も同様だった。どことなく象徴的な印象を受け、スピーチに聞き入った。

「今日はニュージーランドに住むみなさん全員に直接お話ししたいことがあります。新型コロナウイルスとの闘いに向け、確実な情報を可能な限りお伝えしようと思うのです」

いつもより表情が硬い首相の口から「闘い」という言葉が出て、私はどきっとした。南太平洋にぽつんと浮かび、隣国らしい隣国といえばオーストラリアぐらいというこの国でも、新型コロナウイルスのパンデミックは対岸の火事では済まされないところまできていることを感じた。

首相はパンデミックの現状を軽く説明してから、こう続けた。

「コロナがもたらした急激な変化で、みなさんが不安と不透明感に苛《さいな》まれているのはわかっています。特に私たちの生き方にも影響してきているのですから当然のことです。だからこそ、今後一丸となってコロナと闘うにあたって、『どんなことが起きる可能性があるのか』をできるだけ正確にお伝えしたいのです」

この日、新たに確認された感染者は13人だった。感染者の累計は52人に上り、感染の可能性が高いとされる人は4人と報告された。感染者のうち3人が入院中だが、容体は安定しているという。また、5日前にニュージーランドを出発したクルーズ船、ルビー・プリンセス号内ではオーストラリア人3人と船員1人の感染が確認された。同船には56人のニュージーランド人が乗船していたが、そのうちの半分がすでに下船。自主隔離中であることを保健省が発表している。

使い慣れた「警戒レベル」

コロナは猛威《もうい》をふるい、どの国もお手上げた。一個人では到底コントロールが及ばない事態に人々はストレスを感じ、コントロール可能なことを無意識に求めるようになる。これがパニック買いの裏に隠されたメンタルだと心理学者はいう。商品棚にあるだけ購入することで、コントロール可能という感覚を得ようとするのだそうだ。ニュージーランドでも、スーパーマーケットでは日用品や食料、薬局では除菌ジェルや表面殺菌剤などのパニック買いが起こった。

そうした状況のなかで、3月21日の首相の言葉にはコロナに屈せず、国として前進していくために重要なことがちりばめられていた。一つは、国民全員が一丸となってコロナに立ち向かう必要があること、もう一つは政府による今後の展望を国民と共有していこうということだ。これは、人々が抱える不安の解消にも役立ったはずだ。

そして首相はコロナによる非常事態を未然に防ぐ策として「警戒レベル」を適用すると発表した。ニュージーランドでは山火事や水不足などの非常事態に際し、最悪の事態に陥《おちい》らないよう、警戒レベルを用いている。そのコロナ版を設けたというわけだ。

警戒レベルは、コロナの広がり具合に応じた政府の対策を国民が事前に理解し、緊急時に速やかに協力してもらうために大切な役割を果たしている。レベルは1から4まであり、レベル1が最も危険度が低く、レベル4が最も高いという設定だ。各レベルの状況、また禁止事項とやるべきことは箇条書きになっており、とてもわかりやすくできている。各レベルの基本ルールは次の通りだった。

レベル1では国境に警戒態勢が敷かれ、ソーシャルディスタンスを推奨。集会の規模は5

00人以下に留める必要がある。レベル2になると、国境の警戒態勢の強化、100人以上の集会の禁止、ソーシャルディスタンスの義務化、在宅勤務の推奨のほか、70代以上の人や持病のある人の外出自粛が原則に。レベル3では、公共施設や感染者が出た学校の閉鎖、10人までの結婚式と葬儀を除く集会の禁止、エッセンシャルワーカー（人々の生活に必要不可欠な労働者）以外は在宅勤務への転換が行われ、レベル4は世帯単位の隔離、外出の禁止、企業や学校の閉鎖、移動範囲の制限などがルールになる。保健省が知識を蓄《たくわ》えるにつれ、警戒レベルは、徐々にバージョンアップされた。

各所から寄せられた批判

イギリスや南アフリカなど、ニュージーランドに追随《ついずい》する国が出るほど警戒レベルは効果的だった。しかし、警戒レベルを発表するまでのアーダーン首相が率いる政府の動きは早いとはいえず、周囲には苛立つ関係者も見られた。2月に中国の武漢在住のニュージーランド人をチャーター機で迎えに行ったり、中旬に客船ダイヤモンド・プリンセス号に乗船していたニュージーランド人をオーストラリアの協力のもと、日本から帰国させたりと、政府の対応は「対症療法」的なものが主で、系統だった方針や目標ははっきりしないままだったのだ。

2月上旬には国内における疫学の権威、マイケル・ベーカー博士やニック・ウィルソン博士がブログでアーダーン政権の準備不足を批判した。彼らは、政府が新型コロナ対策に、インフルエンザ流行時の指針となる「2017インフルエンザ予防策」を参考にしていると警告。コロナもインフルエンザもウイルス性で、伝染性の呼吸器疾患を引き起こす点が共通している。しかし、同じウイルスが原因ではない。「2017インフルエンザ予防策」は確かに国内外で高い評価を受けているが、対象はインフルエンザウイルスのみだ。博士たちは、「これは評価の高いプランですが、コロナに適しているとはいえません」と一刀両断した。また、病院をはじめとした医療システムが十分に整備されておらず、コロナ感染者が激増した場合の受け入れ態勢が不十分だということも指摘している。

3月に入ると、コロナへの対応策の一つである国境規制の影響で、国内経済の悪化が憂慮《ゆうりょ》されるようになり、それも首相への批判に繋がった。野党である国民党で当時、財務を担当していたポール・ゴールドスミス氏は、経済への政府の対応は緊急性に欠けているとし、「アーダーン政府は及び腰だ」とこき下ろした。経済学ライターのマイケル・レッデル氏においては「特にアーダーン首相は、コロナが原因でニュージーランドが被《こうむ》る危険性を軽視しており、リーダーシップ不足だ」と首相を痛烈に批判している。

このような厳しいバッシングを受けたアーダーン首相は、３月17日、１２１億ＮＺドル（約７８６５億円、以降１ＮＺドル＝65円換算）を経済支援にあてることを発表。さらには、ここから驚異の早さで対応策を決定し、コロナを封じ込めていく。

ロックダウン中の合言葉は「親切を心がけよう」

首相は「５００万人のチーム」のリーダー

３月21日の警戒レベル導入発表時、ニュージーランドの警戒レベルは２だった。しかし23日の声明を合図に即レベル３へ。48時間後にはレベル４（ロックダウンに匹敵）に移行することが告げられた。首相の口調と表情は固い決意を物語っていた。ロックダウンで日常生活や社会、経済が寸断されることは十分承知の上での決定だという。同時にこうした犠牲を払うことで、何千人もの国民の命を救うことができるとも強調した。国民へのメッセージはこんな一言で始められている。

「（ほかの人に対して）親切にしてください」

そして、政府が国民を守ることを約束した上で国民に望むことを知らせた。首相の表情は時折柔らかくなり、ちらちらと笑顔を見せるようになった。それでも、私たちが見慣れたいつもの晴れやかな笑顔には程遠かった。

「社会が求めているのは、あなたが他者をサポートすることです」
「国民全員が一丸になれれば、この危機を乗り越えることができるでしょう。一丸となるために、みな、気丈に過ごし、親切を心がけましょう」

今回のような非常事態時には、人は自分だけ良ければいいと考えがちだ。しかし首相はこんな時だからこそ協力し、お互いを思いやる心が大切であり、必要だと呼びかけた。国民が一丸になることを、国内では「500万人のチーム」と呼ぶ。人口500万人全員が一致団結し、一つのチームを作っているという意味だ。私たち一般人にとっても、首相にとってもおなじみの言葉になっている。

25日には国家非常事態が宣言された。2011年2月に起こったカンタベリー地震に続く、ニュージーランド史上2回目の宣言。首相はこの時のスピーチを、国民へのメッセージで締めくくった。

「レベル4に移り、何ができるのか、また、できないのかを自分で判断できない時、単純明快な決め事があることを思い出してください。それは、『自分自身が感染していると仮定してふるまうこと』です。自分一人の行動がほかの誰かのリスクになり得ると考えるべきです。

だからこそ、楽しいとわかっていても、今は家族や子ども、孫、友だち、隣人と会い、一緒に過ごすことを控えなくてはいけません。私たちは今、お互いのことを最優先にするからこそこうした行動をとらざるを得ないのです。他者を思いやるということは、私たちニュージーランド人が得意とするところではありませんか。

ですから国民のみなさん。落ち着いて、ほかの人に対して親切にすることを心がけ、自宅隔離を実行してください。そうすれば、私たちは感染の連鎖を断ち切ることができます」

「親切を心がけよう」はレベル4の間、アーダーン首相が最も頻繁に口にした言葉といえる。以後もスピーチなどで首相はこの言葉をよく使っており、首相がコロナを乗り切るため、とても大切だと思っている心構えに違いなかった。

ロックダウンを楽しむ人々

ニュージーランドは26日に首相の発表通りレベル4、つまりロックダウンに突入した。初日の朝は実に静かだった。通勤通学者が行き来する時間になっても人気《ひとけ》はない。何も変わらないようでいてずいぶん違うような気もして、妙な感覚に襲われた。「これがロックダウンというものなのか」と感じ入った。首相の発表では少なくとも4週間はこの状態が続く予定になっていた。

自宅隔離中で近所の散歩しか外に出ることはできなかったので、出勤のための外出が許されるエッセンシャルワーカーの一つ、スーパーマーケットに務める友人に町の様子などを尋ねてみた。すると、やはり町は終始静まり返っているとのことだった。常に往来があって活気に満ちた町は消え、知らない町に来たようだとも言っていた。車の数が激減しており、通勤は快適になったそうだ。コロナの規制により、スーパーは規模によって客の定員数が決まっているため、店外に並んで入店の順番を待つ人もいたらしい。またネットで食料品を購入する人が急に増え、担当者の忙しさは尋常ではなかったという。

一方、ほかの友人らとネットを通じてやりとりをしてわかったのだが、多くの人がロックダウンを苦に思っているどころか楽しんでいるらしかった。いつもなら各人が忙しく、家族揃って時間を過ごすことは難しい。しかし、全員が自宅にいなくてはならないという特殊な条件のおかげで、それが可能になったのだという。また今までやりたくても、時間が足りずできなかった新しい趣味を始めた人もいた。

楽しみながら規則には忠実に

コロナがもたらしたレベル4という新しい生活習慣に慣れるようみなが努めていた矢先、ショックなことが起きた。国内で初めてコロナが原因で亡くなる人が出たのだ。3月29日のことだった。遺族がプライバシーを求めたため、首相は簡単に悲しみと人々が遺族に心を寄せていることに触れるに留まった。しかし、この死から学ぶべきことがあるのを国民に示した。

「悲しいニュースです。しかし、この死は私たちが今挑んでいる闘いを思い起こさせてくれます。自宅に留まってください。そうすれば感染の連鎖を断ち切り、命を助けることができるのですから」

500万人のチームのリーダーである首相のこうした呼びかけもあってか、本来は比較的イージーゴーイング（気楽）な性格のニュージーランド人も、コロナに関しては決まりを忠実に守った。ロックダウン中の4月上旬に発表された市場調査会社コルマー・ブラントンの調査では、政府のレベル4、つまりロックダウンという対策に沿って生活していると自己評価した人は92％に上っている。

同時期に、やはり市場調査を手がけるリサーチ・ニュージーランド社が行った調査では、ロックダウンの規則を守らない人がいた場合、警察が厳しい処分を行うべきだと考えている人が85％もいることがわかっている。ロックダウン3日後の3月29日から保健省が運営している規則違反者を通報するための専用ホームページの盛況ぶりも合わせると、ニュージーランド人のコロナ対策への真剣な取り組みようがうかがい知れた。

国民の疑問に一つひとつ答えたフェイスブックライブ

人口５００万　ビュー数５４０万

コルマー・ブラントンはコロナへの政府の対応についての国民の考えを調査し、ニュージーランドとＧ７参加国の間で比較を行った。その結果が４月上旬に発表されると、アーダーン政府のコロナ対策に対して、ニュージーランド国民の満足度が、Ｇ７参加国の国民平均をはるかに上回ることもわかった。

例えば、アーダーン政権を信頼している国民は83％に上り、政府のパンデミック対応を正しいと評価するニュージーランド人も84％いたのに対し、Ｇ７参加国国民の平均は54％。政府が正しい対応策を講じると信頼するニュージーランド人は88％いた一方で、Ｇ７参加国国民は59％に留まった。

ニュージーランドに住む人が、アーダーン首相や政府をここまで信頼していたのはなぜだろうか。理由の一つとしてアーダーン首相と国民の密なコミュニケーションが挙げられるだろう。

首相は国民とのコミュニケーションを重要視し、政府と国民との間に生じがちな情報面におけるギャップを埋め、不安感を和《やわ》らげようと努めている。その際のツールの一つがＳＮＳだ。ＳＮＳを通してなら情報のみならず、首相の人となりも見えてきやすい。嬉しい時はともに喜び、悲しい時はともに涙するという姿勢は、優れたリーダーシップと同じくらい国民にとって大切だ。

アーダーン首相は特にフェイスブックライブを頻用している。毎回100万ビューを超え、1万5000件以上のコメントが寄せられる。配信はたびたび行われているが、中でも人々の記憶に特に鮮明に残っているのは、国家非常事態が宣言された3月25日の夜の配信だろう。

午後8時40分。差し迫った状況とは裏腹に、首相はモスグリーンのスウェットシャツというリラックスした姿でスクリーン越しに登場した。場所は首相官邸で、首相はベッド上に座っているようだった。さっとブラッシングしただけの髪に薄化粧。どこにでもいそうな普通の女性という印象だ。

「こんばんは、みなさん。ちょっとフェイスブックライブを配信しようと思っています。向こう数週間、自己隔離をする準備の具合はいかがかなと思って」

首相は「マルチタスクね」と笑いながら、「今、子どもを寝かしつけたところで」と普段着姿であることを詫びた。

カメラはおそらくスタンドに置かれ、人々から寄せられた質問を目で追いながら話していた。コメント欄に寄せられた質問は外出の仕方から国境封鎖、ビザの期限切れ、家賃の支払い、物価の高騰までと多岐にわたったが、一つひとつテキパキと、それでいて質問者の立場を考えながら丁寧に答えていた。内容によっては今後の政府の対応についても説明した。質問を読み上げる際には、質問者の名前を呼びかけることもあり、会見とは異なるパーソナルな雰囲気が漂《ただよ》っていた。

ライブでは、視聴している人々から首相宛にお礼や応援のコメントもどんどん寄せられていた。首相も「ご親切にメッセージを送りサポートしてくださって、どうもありがとう」と、回答の合間にお礼の言葉を挟んだ。

17分ほど続いたライブの最後、首相は視聴者に向かってこう話しかけた。

「近所の人、特にお年寄りがどうしているか確認してください。電話して何か必要なものはないか尋ねてあげてください。もし可能であれば、お店で必要なものを買ってきて玄関のところに置いておいてあげてください。お互い安全でいるには、ソーシャルディスタンスを守らなくてはならないことを忘れないでくださいね。

そして、覚えておいてください。自宅に留まれば感染の連鎖を断ち切ることができ、ほかの人の命を救うことができることを。とても単純なことです。これがここしばらくのみなさんの仕事です」

そしてやや駆け足気味に、「フェイスブックライブで引き続きみなさんと連絡を取り合いたいと思います。できる限りたくさんの質問に答えたいと思っていますから、質問を送ってくださいね。次回のライブ時に取り上げたいと思います」と笑顔で締めくくった。

ロックダウン直前のフェイスブックライブだっただけあり、ビュー数は540万を超えた。この数は国の人口にも匹敵する。コメント数も5万1000件に上り、「あなたがやっていることは素晴らしいこと。とても感謝しています」「私の息子は、あなたのことを『ニュージーランドのお母さん』と呼んでいます」「あなたは今までで最高の首相です」「忙しくてなかなか寝る時間も取れないと思うけれど、できるだけ休んで健康に気をつけてください」と、感謝や応援、気遣いのコメントがひっきりなしに届いた。中には「オーストラリアに来て、首相になってください」と口をそろえる隣国オーストラリアの視聴者も少なくなかった。

常に前を向く姿勢

アーダーン首相のフェイスブックライブは、警戒レベルに関係なく行われており、現在も首相と国民の間を橋渡しししている。例えば、レベル2になって数日経った5月19日、移動中の車内で5分間の空き時間を作って首相はフェイスブックライブ上で国民に語りかけた。

内容はポストコロナの企業運営についてだ。時期尚早にも思われるが、首相はロックダウンを通して得た経験を基に、最終的には雇用者と被雇用者の間で決めることだと前置きしながらも、こう語った。

「（ロックダウン時に）在宅勤務の柔軟性や生産性の向上などを学びました。もしあなたが雇用者なら、週4日勤務制の採用を考慮してみるといいと思います」

コロナは私たちにとりネガティブな経験だ。しかし、首相はそれをポジティブなパワーに変えて、ポストコロナの働き方にしてはどうかとアイデアを投げかけたのだ。フェイスブックライブには数々の好意的なコメントが寄せられていた。

イースターバニーは「エッセンシャルワーカー」です！

コロナについては一般の大人でもわからないことが多い。子どもであればちんぷんかんぷんなことだらけのはずだ。

子ども記者会見

そこで、アーダーン首相は3月18日、子どものための記者会見を開いた。毎日午後1時に開かれる報道陣向けの定例記者会見と会場は同じ。首相と女性科学者2人が回答者だ。首相は会見を行った理由を、**「どんなことにも疑問を抱くのが子どもです。今、コロナについて多くの疑問や質問があるのもうなずけます」**とインスタグラム上に書き込んでいた。

会見で子どもたちは遠慮せずにいくつもの質問をぶつけた。

「どんな風にコロナはうつるのですか。友だちの鉛筆を使ったらうつりますか」
「どうやったらおじいちゃんとおばあちゃんをコロナから守れますか」
「石けんを使うとどうしてコロナをやっつけられるのですか」

こうして見ると、実際に子どもたちは大人と同じようなことを知りたがっていたのに、なかなか自分たちが理解できる言葉で説明してくれる場がなかったことがよくわかる。保健省は今、何が起こっているかをやさしく説明してやることが、子どもたちの心には大切と考え、子どものための記者会見の開催に踏み切ったようだ。

子どもたちへの粋な一言

首相の子どもたちへの気配りはキリスト教の祭、イースターを迎えた時も存分に発揮された。

２０２０年は４月10日からの４日間がイースター休暇に当たった。イースターはキリストの復活を祝う日で、シンボルはタマゴ。毎年イースター前にはタマゴをかたどったチョコレートが出回る。子どもたちはタマゴを届けて回るウサギ、イースターバニーがタマゴ型のチョコレートを運んできて隠すと考え、それを探すエッグハントを楽しみにしている。

しかし今年のイースターは警戒レベル４、ロックダウンの真っただ中。原則的に外出は禁止で、エッセンシャルワーカー以外の人の外出は食品などの買い物と近所の散歩に限られている。子どもたちは「イースターバニーがエッセンシャルワーカーでなかったら、タマゴ型チョコレートはお預けになってしまう」と心配を露《あら》わにしていた。

そんな子どもたちの声を代弁し、あるテレビニュースの政治記者が4月6日の記者会見の質疑応答の際に「私たちのもとに、週末のこと（イースター）を心配する子どもたちからたくさんの問い合わせが入っていまして……」と切り出した。すると、終始険しい表情で会見に臨んでいた首相の表情がパッと明るくなり、記者が質問を終えないうちに、「イースターバニーのことね！」と満面の笑みを浮かべた。そして記者が続けて、イースターバニーが隔離の例外措置の対象になるのかを尋ねると、首相は、会見を見ているだろう子どもたちに次のように話した。

「喜んでください。検討の末、イースターバニーとトゥースフェアリー（歯の妖精。抜けた歯を枕の下に置いて寝ると、夜の間に妖精が来て持っていき、代わりに硬貨を置いていってくれるとされる）はエッセンシャルワーカーとして認めます」

一方で、この後には「ニュージーランドの子どもたちへのメッセージなのですが」と前置きし、コロナの影響でイースターバニーも今年は自分の家族や子ウサギの世話で忙しく、子どもたち全員の家を回れないかもしれないこと、それをわかってあげなくてはいけないことも真摯《しんし》に話した。

ここまでの首相の話を聞くと、もしかすると自分のもとにバニーがタマゴを持ってきてくれないかもしれないと、子どもによっては思うに違いない。そんな子を励ますかのように、首相は間髪入れずに、「でも！」と話を続けた。

「自分でイースターエッグを描いてもいいし、私のお友だちが描いてくれた絵に色を塗ったり、飾りをつけたりしてもいいと思いますよ。そしてそれを窓辺に置いておけば、ほかの子どもたちがイースターエッグハントをできるでしょう」

実際に、首相は友だちが作ったというイースターエッグの線画をフェイスブックにあげている。これは子どもたちのみならず、ロックダウンの間、在宅勤務をしながらいつも以上に子どもの面倒を見なくてはならなかった親も嬉しかったに違いない。親は子どもたちが飽きないよう、ゲームや遊びを用意するのに苦心していたからだ。首相が用意してくれたイースターエッグのアクティビティを、親はありがたく受け入れ、実践したに違いない。さらに首相はでき上がった作品をＥメールやＳＮＳで、#NZEggHuntを付けて送ってほしいと付け加えた。#NZEggHuntには約６０００人もがポストした。

子どもたちが退屈しがちなレベル４下での楽しみはまだある。家族一緒に出かけられる近所の散歩だ。最初は普通の散歩でも十分だが、毎日歩くところが同じなので飽きてしまう。そこで登場したのが、イギリスでロックダウン時に流行った「ベア・ハント（クマ狩り）」だ。邦訳もあるマイケル・ローゼン作の絵本『We're Going on a Bear Hunt』にヒントを得ている。

参加したい家庭は通りから見える窓際にテディベアを飾っておく。そして散歩で出かけた時にほかの家に飾られているテディベアを見つけるだけ。とてもシンプルなもので、「ベア・ハント」は簡単にいえば、テディベア探しというわけだ。

イギリス同様、ニュージーランドの各都市でも「ベア・ハント」は大ヒットとなった。アーダーン首相の耳にもそれは入っていたようで、3月25日の定例記者会見で「『ベア・ハント』をする時はソーシャルディスタンスを考えてくださいね」と注意を促している。そして、「もしウェリントンで『ベア・ハント』をすることがあったら、私の家の窓にいるテディベ

アを見つけられるかもしれないですよ」と言って、にっこりと笑った。

実際、首相は窓辺にテディベアとパンダのぬいぐるみを飾っていて、「茶色のテディベアは、ニーヴのママ（首相のこと）が大事にしているもの」と、フィアンセであるクラーク・ゲイフォードさんがインスタグラムにコメントとビデオをあげている。

誤解だらけの勝利宣言

ロックダウン延長にも協力的な市民

4月20日、アーダーン首相はレベル4、つまりロックダウンを予定の22日に終えないことを会見で告げた。22日はロックダウン終了の目安としていた開始後4週間目にあたる。それを27日深夜まで延長すると決めた。**「期間が十分ではないうちにロックダウンを終えてしまうと、後で再びロックダウンしなくてはならない可能性が出てきます。経済的影響を考えると、それだけは避けたいのです」**と首相は慎重だった。

首相の慎重さは国民に浸透していた。4月上旬、リサーチ・ニュージーランドが、人々にロックダウンについての意見を尋ねたところ、ロックダウン期間を最低2週間長くしてもいいと考える人は60％にも上った。同様の質問をしたテレビニュースの街頭インタビューでも、「22日でロックダウンを終えるのは不安」「もう少し今のまま様子を見た方がいい」と、延長を望む声が上がっていた。

会見ではロックダウン明けが予定される日の翌日である29日の国民の祝日、アンザックデーにも話が及んだ。アンザックデーはオーストラリアとニュージーランドで、過去に従軍したり、平和維持活動に従事したりする中で亡くなったすべての兵士を悼《いた》む日となっている。毎年夜明けに国内各地で行進や式典が営まれるが、今年はコロナの影響でアンザックデーが始まった１９１６年以来、初めて行進も式典も中止になった。アンザックデーを引き合いに出し、首相はみんなを鼓舞した。

「何十年も前に兵士たちは地球の裏側にある（ニュージーランド軍が出向いた戦場はヨーロッパ、アフリカ、小アジアが主だった）過酷な戦場で、団結し、現在の社会を形作るのに貢献しました。今、私たちが経験している『闘い』は当時のものとはまったく異なりますが、国としての気構えは少しも変わっていません。

どうか自宅に留まって気丈に暮らし、思いやりを持って（他者と）接してください。やり始めたことですから最後までやり遂げましょう」

たった一言が誇張されて全世界へ

今までもコロナ対策に関しては、再三世界から注目を浴びてきたニュージーランドだが、ロックダウン終了の前日、27日の会見は海外のメディアが我先にと取り上げた。というのも会見の際、アーダーン首相が「**この戦いに勝利した**」と言ったからだった。AFP通信やアメリカの日刊経済新聞、ウォール・ストリート・ジャーナル、カタールの衛星テレビ局、アルジャジーラなど多くのメディアは「ニュージーランドがコロナに対して『勝利宣言』をした」と書き立てた。しかし、国内メディアはこの件を特に取り上げることなく、また私も日本のネットニュースを読むまで気づかなかった。

この日の会見は、おおまかにいって三つのことに触れられていた。一つは国民への賛辞だ。

「2カ月前には、とてもできるとは思えなかった厳しい規制下で5週間、私たちは生活し、仕事をしてきました。私たちはやり遂げました。それもみなでともにやり遂げたのです」

レベル3への移行までこぎつけられたことは全国民の協力のおかげだとして、感染が一段落したことを示すデータに触れながら、「こうした数値は素晴らしい事実を物語るものであり、ニュージーランド人一人ひとりが犠牲を払ったからこそ、これを達成できたのです」と、数回にわたって首相は国民の努力を称《たた》え、感謝を述べた。カメラを見据えた首相の目は明らかに国民への信頼を物語っていて、自分の指導力だけではなし得なかったことを認める首相の謙虚さと、国民との絆を感じた。

そして二つ目は犠牲者と遺族への思いだ。この時点でコロナの犠牲となり、亡くなった人は19人。数字としては多くないとしながらも、時折カメラを見つめながら首相はとつとつと語った。

「数字は、遺族のみなさんには何の意味もなく、何ものも悲しみをぬぐい去ることはできません。私ができることは、みなさんのお気持ちに国民の誰もが寄り添っていることをお伝えし、お悔やみを申し上げることだけです。（大切な方を）亡くされたばかりの遺族の方々に愛を送りたいと思います。（中略）ロックダウンの最中、病床に付き添うことや、別れの言葉をかけることを望んでおられたでしょう（しかし、それは許されませんでした）。これがレベル4の厳しい現実だと私は思います」

首相の言葉は、自分が施行した対策によってつらい思いをする国民がいるという重みを真剣に受け止めていることを表していた。レベル4では病院へのお見舞いのほかに、死亡後にエンバーミング（衛生的に遺体を保存するための施術）を施《ほどこ》して葬儀社でロックダウン明けを待つ場合も、すぐに荼毘《だび》に付す場合も、もしくは埋葬する場合でも親族の立ち会いは許されなかったのだ。

そして、最後の三つ目は、国民へのさらなる協力のお願いだ。

「自信を持って再び他者と接触できるようになるためには、時間をかけて慎重に行動する必要があります。ウイルスが再び私たちを襲い、新たな感染者や死者が出ないようにしなければなりません。感染源がまだ究明されていないケースを追跡調査する必要があります。これは干し草の山の中で針を探すようなものです。私たちが始めたことを終わらせるために、みなさんに助けてほしいのです」

一方で海外メディアが大きく取り上げた「勝利宣言」というのはこんな内容だった。

「国内には、政府が把握していない市中感染は存在しません。私たちはこの戦いには勝利しました。しかし、今後も用心しなくてはなりません」

「この戦いには勝利した」とコメントしてはいるものの、首相はひと呼吸も置かずに、「しかし、今後も用心しなくてはなりません」と言葉を続けた。「勝った」と言っているのは、あくまで国内の市中感染の中で政府が把握していないものはないということだ。多くある壁のうちの一つを克服したに過ぎない。首相としては、「勝った」ことより「用心しなくてはならない」ことの方を国民に伝えたかったに違いない。

そしてこの会見の最後には、「コンタクトレス（非接触）に買い物をする際には、地元のお店を利用してあげてください。お店はみなさんの支援を必要としています」というメッセージを国民に向けて発信した。

移民国家にとっての国境封鎖とは？

レベル３では、コンタクトレスでの営業であれば店舗を開けた。例えばテイクアウト。レベル３初日に最も話題になったのは、マクドナルドなどのファストフード店のドライブスルーに長蛇の列ができたことだ。私も朝からカフェにコーヒーを買いに走った。先に電話やアプリで注文し、後で取りに行くというのが、レベル３での飲食店とのやりとりの基本だった。

一方で学校はレベル３でも基本的に継続して閉鎖。企業は自宅勤務を奨励し、極力自宅で過ごさなくてはならなかった。いくつかの細かい部分で若干規制は緩和されたが、日常生活上、特にレベル４と変わったかといえば、そうでもなかった。

この時期、移民の間で不満の声が頻繁に聞かれたのが、国境封鎖についてだ。国境封鎖は３月19日に始まり、現在も続いている（12月16日時点）。ニュージーランド人または居住者は出入国可能だが、ニュージーランドに帰国後14日間は政府管理のホテルで隔離生活を行わなくてはならない。旅行者の入国は一切禁止だ。これは主な感染が海外に起因するから。ただ、ニュージーランドは移民国家であることを忘れてはならない。今まで自由に母国と行き来できていただけに、移民の人たちは国境封鎖にストレスを感じている。母国に住む親が病気になったり、危篤に陥ったりという非常事態が起こった場合はなおのこと。ＳＮＳなどを通せば、連絡し合うことができるといえども、直接会うのとは訳が違う。私の周りでは、親兄弟と遠く離れて暮らすのはつらいことだと再認識した人も多かった。

市中感染ゼロと聞いて最初にとった行動とは？

喜びのダンス

レベル4と3で計6週間半が経った後の5月11日の会見で、アーダーン首相は14日からレベル2に移ることを告げた。レベルが下がっても、500万人のチームが協働でコロナ対策にあたらなければ、先に進めないことを再度強調した。その際には手元に届いた免疫不全の男児を持つ母親からの手紙も披露し、母親がいかに500万人のチームの努力をありがたいと感じているかを話した。

「みなさんはこの男の子のために犠牲を払ったことになります。誰かの母親のために、誰かの父親のために、誰かの子どものために、コロナが簡単に社会に入り込めないよう、代償を払いました。多くの人が500万人のチームに感謝しているのです」

フェイスブックライブを使っての国民との交流が有名な首相だが、決してＳＮＳのみでなく、手紙にも目を通していると知り、感心した。

6月8日はニュージーランドにとって記念すべき節目の日になった。2月28日に最初の感染者が発表されて以来、初めて国内に感染者が1人もいない状態になったのだ。

首相は翌日の9日から最も規制が少ないレベル1に移ると発表した。レベル1は在住者以外の人の出入国禁止や14日間の隔離が含まれる国境封鎖を除き、ほかの規制が解除されることを意味する。感染とその拡大には厳重な注意を必要としながらも、国として経済復興を開始する時期が来ていることを人々に伝えた。そして最後に国民に対する感謝の言葉も忘れなかった。

「私たちは（ほかの国より）より安全で優位に立っていることは確かですが、コロナ以前の生活に戻るのはたやすいことではありません。今まで（コロナから）健康を守るために抱き続けてきた強い意志と集中力を、今度は経済再建に用いることになります。（中略）仕事はまだ終わっていませんが、これが節目であることは間違いありません。最後に一言、

『ありがとう、ニュージーランド（の人々）』という言葉で締めくくりたいと思います」

会見の最後には毎回必ず記者のための質問の時間が設けられている。記者たちは首相に矢のように、質問を浴びせかけるのが通例だ。今回も同様だった。しかしある記者が、「（感染者が国内でゼロになったという）報告を聞かれて、まず何をなさいましたか」と尋ねると、その前の質問に答えた際の険《けわ》しい表情だった首相はサッとうつむいて恥ずかしそうにしながらも、視線を上げ記者に満面の笑みを見せた。

「ちょっとしたダンスを踊ってしまいました。ニーヴに見せると少し驚いて、私がなぜ居間で踊っていたか理由はわからないまま一緒に踊っていました。楽しそうでした」

102日ぶりの市中感染

レベル1になってからのニュージーランドは、感染者数などの記録上でも、私たちの生活上でも、これまでのことを考えると比較的順調だったといえるだろう。海外からの帰国者が増えるにつれて感染者も出たが、専用の隔離施設に移され、政府の管理下で14日間を過ごし、家族のもとに戻って行った。市中感染は起こらないまま100日を超えた。

しかし、その記録は102日でストップした。8月11日の夜にアーダーン首相は緊急会見を開き、北島のオークランドで4人の市中感染者が確認されたことを発表。市中感染が再び起こった際の計画を即刻実行すると告げた。首相の表情は硬く、冷たい印象さえ受けた。

翌日の12日正午から、オークランドはレベル3へ、残りのエリアはレベル2へと警戒レベルが引き上げられた。レベルの上げ下げは常に全国規模で行われていたため、1エリアのみがほかと違うレベルに置かれたのは今回が初めてだった。それもロックダウンと大差ないレベル3だ。同市へ入ることも同市内の人が外に出ることも禁止となり、ほかのエリアとの間をつなぐ幹線道路には警察の検問所が置かれた。

約2週間後、ニュースを扱うウェブサイトのスタッフのインタビューに答えた首相は、102日ぶりに起きた市中感染のニュースを聴いた時の気持ちを「ガックリきた」と話している。聞いたのは、選挙運動中の車内だったそうだ。インタビューでは次のようにも語っている。

「(首相であっても）私もほかの一般のニュージーランド人と同じ感情を持っています。みなさんがどんな気持ちだったかとてもよくわかります。今年は世界にとっても、ニュージーランドにとっても大変な年になりました」

31日からオークランドは首相がいうところのレベル2・5へ移った。2・5というのは数字がそのまま示すように2と3の間で、集会の人数などの面でレベル2より制約が厳しい。この日から公共交通機関などでのマスク着用が義務化した。ただ、その後は順調に警戒レベルは下がっていく。9月22日にはオークランドがレベル2、ほかのエリアがレベル1に。10月8日からはオークランドもレベル1の仲間入りを果たし、全国がレベル1になってからは、感染者が1日に25人も確認された日もあったが、ほとんど1桁台で比較的落ち着いていた。

コロナ禍で試されたリーダーの「指導力」と「コミュニケーション力」

コロナのパンデミックが始まって以来、国を問わず話題に頻繁に上るのは各国首脳のトップとしての実力と裁量だ。アーダーン首相はレベル4のロックダウン時から、各国の主要メディアや著名人にその優れたリーダーシップを絶賛されてきた。

イギリスでは4つの大学の経営学の研究者が、アーダーン首相によるコロナ禍の危機コミュニケーションを調査・分析し、6月に報告書を発表している。対象は3～4月中に首相が一般人向けに行ったフェイスブックライブを含めた40のスピーチ。分析の結果わかったのは、スピーチで見せた、誠実で思いやりがあり、事態解決のために努力しようという首相の姿勢が国民に団結を促したことだという。

またコロナ対策の進捗状況や苦労話を聞き、国民は首相に親近感と共感を抱くようになったそうだ。報告書によると、国民が共感できる首相の言動と「お互いの面倒を見よう」とフェイスブックライブのような非公式な場での呼びかけが相まって、みなに社会の一員として果たすべき役割があり、社会的連帯感のイメージを生み出すことに成功したのだという。どうやら、パンデミックへの対応にあたっては、政治的手腕のみならず、明確で一貫性のあるメッセージを、共感を持って伝えられるかどうかもリーダーの能力の一つと考えられるようだ。報告書の作成に携《たずさ》わったヒューマン・リソース・マネジメントを専門とするスコットランドのグラスゴー・カレドニアン大学のデビッド・マクガイヤー博士も、「コロナのパンデミックで、各国リーダーの指導力とコミュニケーション力が大いに試されることになった」と話している。

コロナ対策を通じ、国民との間に信頼関係を築いてきたアーダーン首相。「コロナ選挙」と異名を取った10月の総選挙で、首相率いる労働党は単独過半数を獲得し、圧勝した。ポストコロナでも、首相に今まで通りの采配で景気回復に臨んでほしいと、人々は期待を寄せる。

そして、その期待に応えるかのようにアーダーン首相は12月14日、5月から構想を練ってきたものの、オーストラリア国内で感染者数が急増し、延び延びになっていた両国民の隔離なしでの行き来の自由化や、8月から交渉を続けてきたクック諸島との同様の行き来が2021年の1~3月中に実現することを発表した。これを観光業界は大歓迎している。3月から継続する国境封鎖で海外旅行者不在のため、同業界は年間約13億NZドル（約850億円）の収入減に直面している。オーストラリアとクック諸島との国境を開くことで、国の再建に不可欠な観光業復興の第一歩が踏み出せる。現在も起こり得る事態への対応策を協議中と言うアーダーン首相は発表の際に、**「人々は心底休暇を必要としていると思う」**と、この国境開放は国民の心の健康維持にとっても価値があると捉えていることをうかがわせた。

闘いの「同志」である国民を気遣う首相。そして首相に信頼を寄せ、闘い続けてきた国民。アーダーン首相と国民の二人三脚は当分続くことになりそうだ。

エピローグ

気が付くと、私たちは現地の人々とともに新型コロナの大波にのみ込まれていた。住み慣れた社会の営みが、家族や友人たちとの普通の日常が忽然《こつぜん》と眠りについていく中、何が起こっているのかを見極めようと、住んでいる国のテレビやネット情報にかじりつき、周りの人々との情報交換にのめり込んだ。すると、未曽有《みぞう》の危機に、それぞれの国のリーダーたちが市民に向ける姿勢や言葉に圧倒された。それは良い意味でも悪い意味でも、日本では感じることができないほどの熱量を持っていた。これをなんとか記録して伝えたい――そう感じて、各国に散らばるジャーナリスト仲間と連絡を取り始めたのは、閉ざされた封鎖生活の最中のことだった。

コロナ禍では3月後半に、ヨーロッパ諸国が爆発的な感染の震央と化したため、日本のメディアもフランスやイギリス、ドイツの大物リーダーたちの言動をある程度は伝えた。普段は目立たない小国のベルギーは2度も世界最悪の数値を出したことで、また、スウェーデンは厳しいロックダウンを行わない独自のやり方を貫いたことで、散発的にメディアに取り上げられた。ニュージーランドはアーダーン首相の見事なコロナ制圧が話題となり、断片情報でも日本人に強い印象を残した。アメリカでは、トランプ大統領の劇場のような言動が、選挙のタイミングとも重なり、センセーショナルに報道された。

それでも、時間の経過とともに変遷していくリーダーと市民の様子が素肌感覚で捉えられているとは言えなかった。そこで、比較的日本でも多くの報道がなされたこれら7カ国のリーダーを取り上げてみることにした。本当は、イタリアやスペイン、韓国や台湾、ロシアやブラジルなど、興味深い国々がほかにもたくさんあるのだが、私たち以外の誰かから情報発信があることを願おう。

取り上げた7人の中には、百年に一度現れるかどうかの大物政治家もいれば、キャラが際立つ人もいたし、一方で、国際舞台はもちろん国内でもほとんど無名だったり、さしたる評価のなかった人もいた。だが、コロナ禍で国を率いたリーダーにはいくつかの共通項があるように思う。まずはそれぞれが市民に向かって頻繁に、直接発信し続けたという点は確かな事実だ。

その上で、市民との連帯を強めていったリーダーには「共感力」、つまり立場の異なる市民の不安やつらさを察し、思いやることができる能力があっただろう。さらにもう一つは「伝える力」、すなわち、言葉やあらゆる術《すべ》を尽くして伝え、説得し、行動させる力もあったのではないだろうか。広く市民全体に対し、細やかな共感力とコミュニケーション力を持てば、それは連帯に繋がるが、ある特定のグループに向かってだけその能力を発揮すれば、見事なまでの分断を加速させてしまう。

当初はかなりの上から目線だったリーダーたちの中には、自らの感染や市民の抵抗をきっかけに、引き返して軌道修正した人たちもいた。イギリスのジョンソン首相や、フランスのマクロン大統領、控えめだがドイツのメルケル首相の姿勢にもそれは表れている。一度動き出したら止まらない硬直化したやり方ではなく、踏みとどまり方向転換できる柔軟さに、指導者の勇気や度量がのぞき、それぞれの言葉には人間味や説得力が加わるように感じた。一方、そうした体験を経ても軌道修正せず、支持者層を煽《あお》ってさらなる分断を強めたリーダーもいた。言うまでもなく米国のトランプ大統領だが、その言葉には一定の人々を強烈に団結させ、行動させる魔力があったのも事実だ。

コミュニケーションにおいては、テレビ演説や長時間にわたる記者会見というフォーマルな形を重視した人も多いが、ツイッターやフェイスブックなどのSNSを駆使した人も少なくない。ニュージーランドのアーダーン首相はフェイスブックライブで市民との双方向なコミュニケーションを成功させた。ジョンソン首相やトランプ大統領もツイッターでの発言力は高かった。ドイツのメルケル首相やスウェーデンのロベーン首相は、オーソドックスな地上波テレビという方法を重視し、ベルギーのウィルメス首相（現在は副首相）は、高齢者にリーチするためには地上波を、子どもたちには子ども番組を、若者にはSNSをとメディアを使い分けているようだった。特に注目して書いていた国はなかったが、ほとんどの国で視聴覚障害者のための手話通訳や字幕、少数言語話者への翻訳対応など、きめ細やかな努力が行われてきたことも付け加えておきたい。

いずれにしても、誰かに用意してもらった原稿を棒読みしたり、標語のような文言をフリップにして語るリーダーはいなかった。多くは発信する際に「みなさん」と語りかけ、市民に浸透させるための「合言葉」を作って繰り返したリーダーも目立った。それは、市民の間でも反芻《はんすう》され、連帯のシンボルともなった。

ところで、新型コロナウイルスが猛威《もうい》を振るう中では、世界のあちこちで自国ファーストの醜《みにく》い出来事が頻発したこともしっかり記憶に留めておきたいと思う。マスクや消毒薬などの必須物資がものの見事に不足した時には、国策としてただちに自国や地域での生産に舵《かじ》を切ったリーダーがいた中、国際的なぶんどり合戦も発展。消毒薬やうがい薬を特効薬かのように推奨するリーダーの珍言もあちこちで認められた。フランスでは古いマラリアの治療薬クロロキン、アメリカでは抗ウイルス薬レムデシビル、そして日本ではアビガンのように、リーダーまで加わって救世主かのようにもてはやし大騒ぎした国もあった。ようやく、COVID－19のワクチン開発に朗報が聞こえ始めたが、国際間での奪い合いも、国内での接種方針やワクチン抵抗運動への対応にも、リーダーの本質はまだまだ影響し続けることになるのだろう。

歴史を振り返れば、ペストやコレラといった大きな感染拡大で多くの命が失われたのはいつも、覇権拡大によって大規模な人の移動が起こった時だった。そして、そのことでそれまでの権威が失墜し、市民革命や産業の大転換などが起こった。化石燃料をベースとしたグローバリゼーションが進み、人の動きがピークに達している今、新型コロナウイルスによるパンデミックは起こるべくして起こったのかもしれない。

本書を通して、各国リーダーの物語を読むと、誠意や誠実さ、信頼や真摯《しんし》さ、連帯や団結、透明性、科学や知性、感謝や謙虚さ、そして民主主義などの言葉が飛び交う。それはコロナ禍が収まった後に、地球社会は大きな転換点を迎えるのではないかと予感させる。

行き過ぎたグローバル化の後に来るのは、どのような世界なのだろう。あなたの国のリーダーは、市民に向き合い、社会を守り、次なる持続可能な世界へとソフトランディングさせてくれそうだろうか。多くの死者を出し、経済が停滞しても、市民の納得と共感を得て今まで と異なる価値や方向へと導いてくれそうだろうか。

コロナ危機は、人と人を引き離して社会の分断をさらに拡大させもしたが、言葉の力で人と人を結び付け、結束を強めることに成功したリーダーもいる。

さてあなたは、どんなリーダーとともにどのようなコロナ後の社会を希求するのだろうか。

最後に本書を実現するにあたって、光文社新書の樋口健氏と河合健太郎氏に企画意図にご賛同いただき、多くのアイデアやご指導をいただいた。ここに著者一同から心より感謝申し上げたい。

２０２０年12月　欧州の片隅にて

栗田路子

栗田路子（くりたみちこ）
ベルギー在住30年。人権、医療、環境などをテーマに発信。
プラド夏樹（ぷらどなつき）
フランス・パリ在住フリージャーナリスト。
田口理穂（たぐちりほ）
ドイツ在住ジャーナリスト、ドイツ法廷通訳・翻訳士。
冨久岡ナヲ（ふくおかなを）
イギリスと日本を筆でつなぐロンドン在住ジャーナリスト。
片瀬ケイ（かたせけい）
アメリカ・テキサス州在住ジャーナリスト、翻訳者。
クローディアー真理（くろーでぃあーまり）
ニュージーランド在住22年のジャーナリスト。
田中ティナ（たなかてぃな）
スウェーデン・エステルスンド在住18年のフリーライター。

コロナ対策《たいさく》 各国《かっこく》リーダーたちの通信簿《つうしんぼ》

2021年1月30日初版1刷発行

著　者 ―― 栗田路子／プラド夏樹／田口理穂
冨久岡ナヲ／片瀬ケイ
クローディアー真理／田中ティナ

発行者 ―― 田邉浩司

装　幀 ―― アラン・チャン

印刷所 ―― 萩原印刷

製本所 ―― ナショナル製本

発行所 ―― 株式会社光文社
東京都文京区音羽1-16-6（〒112-8011）
https://www.kobunsha.com/

電　話 ―― 編集部03（5395）8289 書籍販売部03（5395）8116
業務部03（5395）8125

メール ―― sinsyo@kobunsha.com

Printed in Japan　ISBN 978-4-334-04516-6

1089
太田和彦のふらり旅 新・居酒屋百選
名酒放浪編

太田和彦

BS11の人気番組が1冊に！ 北は札幌から南は五島まで日本全国19の街の65軒を紹介。本書片手に旅するも良し、読んで思いを馳せるのもまた良し。写真満載のオールカラー版。

978-4-334-04496-1

1090
宇宙に行くことは地球を知ること
「宇宙新時代」を生きる

野口聡一 矢野顕子
取材・文 林公代

誰もが宇宙に行ける日が近づいている――。民間による「宇宙旅行時代の幕開け」という歴史的転換点を迎えた今、宇宙飛行士とミュージシャンが宇宙体験からスペースXまでを語る。

978-4-334-04497-8

1091
夢中力

堀江貴文 野村克也

一つのことにハマり、全身全霊を捧げる。異分野の二人の共通項だ。「好きなことをやる」が成功の条件であることを彼らの生き様が証明する。突き抜けた思考に触れる読書体験。

978-4-334-04498-5

1092
丁寧に考える新型コロナ

岩田健太郎

長期戦が予想される新型コロナ対応。あらゆる項目について「分かったつもり」でなく「本当に分かる」までじっくり解説する。巻末特別対談「西浦博先生に丁寧に聞く」も収録！

978-4-334-04499-2

1093
失敗しない定年延長
「残念なシニア」をつくらないために

石黒太郎

日本企業に跋扈する「残念なシニア」を放置すると、日本経済が崩壊に向かう――!? 気鋭の人事コンサルタントが、会社もシニア自身も活性化させる「正しい定年延長」を提言する。

978-4-334-04500-5

1094
新型コロナはアートをどう変えるか
宮津大輔

世界のアート市場は、新型コロナウイルスの蔓延によってその姿を一変させた。アートはこれからどう変化するのか――。歴史・社会・経済を通して、アート市場の未来を大胆に予測。

978-4-334-04501-2

1095
室温を2度上げると健康寿命は4歳のびる
笹井恵里子

寒い家に住んでいると早死にする!? 最新の研究結果を元に頻尿、不眠、寝つきの悪さ、高血圧、アレルギーなどを「住環境」で改善させるアイデアを提案する日本人必読の一冊。

978-4-334-04502-9

1096
税金下げろ、規制をなくせ
日本経済復活の処方箋
渡瀬裕哉

日本が不況から脱出できないのは「税金と規制」の問題だ。この国では「増税はやむなし」なのか？ 日本が打つべき手とは？ 俊英の政治アナリストが、私たちに刷り込まれた洗脳を解く！

978-4-334-04503-6

1097
20年で元本300倍 お金が集まる5つの原則
秋山哲

誰でも資産が増える投資商品とは？ 優良な投資先に共通する3つの特徴とは？ 元本300倍の個人投資家が「投資」を中心に、お金の不安を解消する5つのルールを伝授する！

978-4-334-04504-3

1098
下町はなぜ人を惹きつけるのか？
「懐かしさ」の正体
三浦展

明治維新の30年後に「ふるさと」が注目され、敗戦の30年後に「下町」が発見された。工場の煙が立ち上る近代の象徴だった下町がノスタルジーの対象となるまでの実像を綴る。

978-4-334-04505-0

光文社新書

1099
山本太郎とN国党
SNSが変える民主主義
真鍋厚

彼らは本当に「ポピュリスト」と切り捨てていい存在なのか。この時代に彼らが国会で議席を得たのは偶然か。SNS全盛時代の民主主義のあり方を問う、新しい切り口の政治論。

978-4-334-04508-1

1100
「宇宙の音楽」を聴く
指揮者の思考法
伊藤玲阿奈

時代の変化にどう柔軟に対応するか？　二〇歳を過ぎて音楽家への道を選び、ニューヨークで戦ってきた指揮者が綴る、成功と失敗の概念を超える「しなやかな思考」のつくりかた。

978-4-334-04506-7

1101
Z世代
若者はなぜインスタ・TikTokにハマるのか？
原田曜平

「Z世代」は「ゆとり世代」と何が違うのか？　世代人口が少ないにもかかわらず、彼らの発信力・拡散力はなぜ巨大なのか？「スマホ第一世代」を若者研究の第一人者が徹底分析。

978-4-334-04507-4

1102
教養としての腕時計選び
篠田哲生

そこかしこで時刻を確認することができる時代、人は何のために腕時計を身につけるのか。成熟した大人の身だしなみ、あるいは「教養」としてとらえ直し、時計選びのセンスを高める。

978-4-334-04510-4

1103
知らないと恥をかく「性」の新常識
齋藤賢

#MeTooをはじめとした近年の様々なムーブメントの分析や、多彩なアクティビストへのインタビューなどを通じ、「性」をめぐるこの国の現在地を鮮やかに抉り出すルポ&批評。

978-4-334-04511-1

光文社新書

1104
警察官の出世と人事
古野まほろ

「階級」だけでは見えてこない、複雑な「警察官の出世と人事」の仕組みを、元警察官僚のミステリ作家が徹底解説。企業の人事担当者、出世が気になるビジネスパーソンも必読！

978-4-334-04512-8

1105
定年前、しなくていい5つのこと
「定年の常識」にダマされるな！
大江英樹

年金は破綻しない、地域デビューは危険、夫婦で旅行もいらない……人気経済コラムニストが「不安に駆られてしない方がいいこと」を、経験と豊富な取材に基づき、5つの分野で具体的に指南。

978-4-334-04513-5

1106
人類はふたたび月を目指す
春山純一

今、月を目指す国や民間企業が世界で続々と現れている。日本の月探査計画に携わり、「月の縦孔の発見」で世界的に知られる著者が、探査や発見をめぐるスリリングな舞台裏を綴る。

978-4-334-04514-2

1107
見るレッスン
映画史特別講義
蓮實重彦

サイレント、ドキュメンタリー、ヌーベル・バーグから現代まで120年を超える蓄積と向き合い、作品の最も優れた瞬間で刮目する方法を、シネフィル教授が初めて新書で指南。

978-4-334-04515-9

1108
コロナ対策 各国リーダーたちの通信簿
栗田路子　プラド夏樹
田口理穂　冨久岡ナヲ
片瀬ケイ
クローディアー真理
田中ティナ

世界が一様にパンデミックに包まれた中、各国首脳の言動には大きな違いが。そしてその違いはコロナ禍の行方も左右した。7人の海外在住ジャーナリストが綴るリーダーの素顔。

978-4-334-04516-6

1109
洋画家の美術史
ナカムラクニオ

あちこちの美術館や切手で見たことはあっても、実はよくは知らない「洋画」の世界。画家たちの波瀾万丈な一生を追いながら、作品と近代美術史の流れをわかりやすく解説する。

978-4-334-04517-3

1110
相続地獄
残った家族が困らない終活入門
森永卓郎

ある日突然ふりかかり、一歩間違えると泥沼にはまる相続問題。自身の経験をもとに、今日からできる森永流・生前整理術を伝授する新時代の「相続の教科書」。

978-4-334-04518-0

1111
がんを瞬時に破壊する
光免疫療法
身体にやさしい新治療が医療を変える
小林久隆

新しいがんの治療法が世界で注目を集めている。どのような治療法なのか？ 身体への負担や副作用は？ 転移・再発の可能性は？ アメリカ国立衛生研究所の日本人開発者が初めて綴る。

978-4-334-04519-7

1112
誤読のイタリア
ディエゴ・マルティーナ

イタリア文化を見つめる旅は、日本文化を再発見する旅だ。夏目漱石など日本文学を愛するイタリア人が、文化の「誤読」と「正読」についてユーモアを交えて綴った心温まるエッセイ。

978-4-334-04520-3

1113
平成・令和 学生たちの社会運動
SEALDs、民青、過激派、独自グループ
小林哲夫

2010年代、学生による社会運動はどのように繰り広げられたか？ かつての学生運動と何が違うのか？ SEALDsから過激派まで長期にわたる徹底取材による闘いの記録。

978-4-334-04521-0